职业教育改革创新示范教材 III

QICHE WENHUA YU GAILUN

汽车文化与概论

主 编 杨筱玲 梁 辉
副主编 莫坚义 唐腊梅

人民交通出版社
China Communications Press

内 容 提 要

本书是全国中等职业学校课程改革规划新教材Ⅲ之一，其内容主要包括汽车发展史、世界著名汽车公司与品牌、汽车在中国、汽车概论、汽车维修技能大赛、汽车外形与色彩和汽车时尚等。

本书不仅可作为中等职业学校汽车运用与维修专业的教材，也可作为相关行业岗位培训教材以及汽车维修人员及相关技术人员的参考书。

图书在版编目（CIP）数据

汽车文化与概论 / 杨筱玲，梁辉 主编. — 北京：人民交通出版社, 2012.3

ISBN 978-7-114-09658-7

Ⅰ. ①汽… Ⅱ. ①杨… ②梁… Ⅲ. ①汽车－文化 Ⅳ. ①U46-05

中国版本图书馆CIP数据核字（2012）第029322号

职业教育改革创新示范教材Ⅲ

书　　名：**汽车文化与概论**
著 作 者：杨筱玲　梁　辉
责任编辑：曹延鹏
出版发行：人民交通出版社
地　　址：（100011）北京市朝阳区安定门外外馆斜街3号
网　　址：http://www.ccpress.com.cn
销售电话：（010）59757969、59757973、85285659
总 经 销：人民交通出版社发行部
经　　销：各地新华书店
印　　刷：中国电影出版社印刷厂
开　　本：787×1092　1/16
印　　张：8
字　　数：158千
版　　次：2012年3月　第1版
印　　次：2012年3月　第1次印刷
书　　号：ISBN 978-7-114-09658-7
定　　价：33.00元

职业教育改革创新示范教材（汽车运用与维修专业）编委会

前　言 Preface

《国家中长期教育改革和发展规划纲要（2010—2020年）》中提出：大力发展职业教育，把职业教育纳入经济社会发展和产业发展规划，把提高质量作为重点；以服务为宗旨，以就业为导向，推进教育教学改革。实行工学结合、校企合作、顶岗实习的人才培养模式；满足人民群众接受职业教育的需求，满足经济社会对高素质劳动者和技能型人才的需要。

职业教育的发展已作为国家当前教育发展的战略重点之一，但目前学校所使用的教材普遍存在以下几个方面的问题：

（1）学生反映难理解，教师反映不好教；

（2）企业反映脱离实际，与他们的需求距离很大；

（3）不适应新一轮教学改革的需要，汽车车身修复、汽车商务、汽车美容与装潢等专业教材急缺；

（4）立体化程度不够，教学资源质量不高，教学方式相对落后。

针对以上问题，结合人民交通出版社汽车类专业教材的出版优势，我们开发了《职业教育改革创新示范教材》。本套教材以“积极探索教学改革思路，充分考虑区域性特点，提升学生职业素质”的指导思想，采用职教专家、行业一线专家、学校教师、出版社编辑“四结合”的编写模式。教材内容的特点是：准确体现职业教育特点（以工作岗位所需的知识和技能为出发点）；理论内容“必需、够用”；实训内容贴合工作一线实际；选图讲究，易懂易学。

该套教材将先进的教学内容、教学方法与教学手段有效地结合起来，形成课本、课件（部分课程配）和习题集（部分课程配）三位一体的立体教学模式。

本书取材新颖，图文并茂，可以帮助广大学生及汽车爱好者更好地了解汽车文化与汽车构造等基本知识，带领大家进入一个多彩的汽车世界。

本书由南宁市第四职业技术学校杨筱玲、广西理工职业技术学校梁辉担任主编，广西理工职业技术学校莫坚义、柳州汽车运输技工学校唐腊梅担任副主编。参与本书编写工作的还有陈健健、梁家生、黄启敏、张立新等。

限于编者的经历和水平，书中难免有不妥或错误之处，敬请广大读者批评指正，提出修改意见和建议，以便再版修订时改正。

职业教育改革创新示范教材编委会

2012年2月

目　录 Catalogue

第一章　汽车发展史

第一节　汽车发展的萌芽阶段

一 车轮和车

1 车轮的发展

最早的车轮是用从粗圆木上锯下的圆木头当做滚轮，如图1-1所示。公元前1600年，北方的海克索斯人用马拉战车进攻埃及，使埃及人大吃一惊。从此，埃及人也开始使用带轮的车，并首先使用了轮辐和轮缘来加固车轮，不过当时还都是木制的。后来随着钢铁的出现，木轮发展成为钢制轮，外加橡胶轮胎，内充空气，车轮日臻完善。

图1-1　实心木轮

2 马车的发展

车辆几乎是与车轮同时出现的，早期的车辆都是人力的，后来出现了马车。马车的历史极为久远，它几乎和人类的文明一样漫长。一直到19世纪，马车仍然是城市交通中十分重要的交通工具，其中欧洲主要使用的是四轮马车（图1-2），而中国使用的主要是两轮马车（图1-3）。春秋和战国时期，马拉的兵车仍是军队的主要作战工具。各国诸侯大量制造兵车，像秦、楚等强国，兵车数量超过千辆，因此有“千乘之国”之称，这是国家军事实力的一种体现。

在秦始皇统一中国之后，为了强化国家对地方的控制能力，大力修筑“驰道”以保证运输通畅，还实施“车同辙”，统一车辆的轮距，这可以说是世界上最早的车辆标准化法规。

图1-2　四轮马车

图1-3　两轮马车

3 自动车辆的尝试

尽管古代的人们对车辆不断改进探索，但人力或者畜力车的速度和载质量总是受到很大限制，无法满足人类的需求和生产力的发展。制造出多拉快跑的自动车辆，一直是人类的梦想。

1420年，英国人发明一种滑轮车，如图1-4所示。人坐在车内，借用人力使绳子不停地转动滑轮。车虽然走了起来，但由于人力有限，这辆车的速度就不能充分地发挥，比步行还要慢。1600年荷兰人西蒙·史蒂芬制造了一辆“双桅风帆车”（图1-5），依靠风能驱动车辆，但是这种车辆对风向和风力的要求比较严格。

图1-4　英国的滑轮车

图1-5　荷兰的双桅风帆车

以上所谓“自动车”的尝试，都因为存在着种种问题而失败了，其实问题的关键就在于缺少长效而稳定的动力装置，但它却反映了当时人们对“自行驱动”车辆的渴望与追求。

二 蒸汽机的发明

蒸汽机是将蒸汽的能量转换为机械能的往复式动力机械。蒸汽机的出现引发了18世纪的工业革命。直到20世纪初，它仍然是世界上最重要的原动机，后来才逐渐让位于内燃机和汽轮机等。

16世纪末到17世纪后期，英国的采煤业已发展到相当的规模，单靠人力、畜力已难以满足排除矿井地下水的要求，而现场又有丰富而廉价的煤作为燃料。现实的需要促使许多人（如英国的萨弗里、纽科门等）致力于“以火提水”的探索和尝试。

终于在1696年，萨弗里制成了世界上第一台实用的蒸汽提水机（图1-6），并于1698年取得标名为“矿工之友”的英国专利。萨弗里的提水机依靠真空的吸力汲水，汲水深度不能超过6m。为了从几十米深的矿井汲水，须将提水机装在矿井深处，用较高的蒸汽压力才能将水压到地面上，这在当时无疑是困难而又危险的。

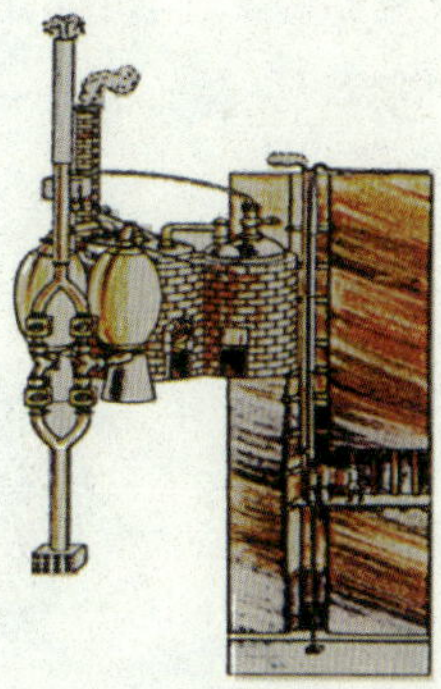
图1-6　萨弗里的蒸汽提水机

纽科门及其助手卡利在1705年发明了大气式蒸汽机，用以驱动独立的提水泵，被称为纽科门大气式蒸汽机，如图1-7所示。这种蒸汽机先在英国，后来在欧洲大陆得到迅速推广，它的改型产品直到19世纪初还在制造。纽科门大气式蒸汽机的热效率很低，这主要是由于蒸汽进入汽缸时，在刚被水冷却过的汽缸壁上冷凝而损失掉大量热量，只在煤价低廉的产煤区才得到推广。

1763年，英国人詹姆斯·瓦特开始针对纽科门式蒸汽机的缺点研究新的蒸汽机，并在1774年研制出世界上第一台真正意义上的动力机械——蒸汽发动机（图1-8）。这是历史性的进展，而自动车辆的诞生也因此有了实现的可能。

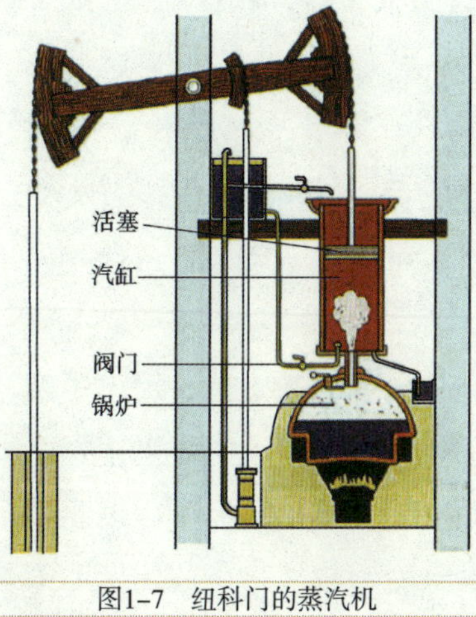

图1-7　纽科门的蒸汽机

图1-8　瓦特的蒸汽机

三　蒸汽机汽车的发明

1763年，法国陆军的技术军官尼古拉斯·古诺所在的兵工厂生产一种炮身由铸铁铸成的大炮，需要几匹强壮的马才能拉动。古诺希望将蒸汽力作为拉大炮车辆的牵引力，并且向陆军部提出了制造一台样机的建议。经过6年努力，古诺于1769年制成了他设想中的蒸汽机汽车，如图1-9所示。蒸汽机汽车的车身是很重的木制框架，前面支撑着一个大锅炉，后面是两个汽缸，锅炉产生的蒸汽送进汽缸，推动着装在汽缸里面的活塞上下运动，再通过曲柄把活塞的运动传给装在车框架下面的前轮，操纵前轮转动前进。古诺驾着自己研制的蒸汽机汽车真的走起来了，不过蒸汽机汽车的速度只有4km/h，比马车慢得多，而且蒸汽机汽车走了15min就停下来了，原来锅炉里的蒸汽已经用完了。古诺只好下车给锅炉添水加煤，等到锅炉里重新喷出蒸汽以后才能继续行走。遗憾的是，在后来的试车过程中，古诺的蒸汽机汽车撞墙而损坏，这也被认为是世界第一起机动车事故。

图1-9　古诺的蒸汽机汽车

蒸汽机汽车虽然存在着速度慢、体积大、热效率不高、污染严重等问题，但它为现代汽车的诞生奠定了坚实的基础，在汽车发展史上仍占有重要的一页。

第二节　汽车发展的成长阶段

一　内燃机的发明

鉴于蒸汽机过于笨重、起动慢和热效率低等问题，在17世纪末就已经有人提出制造内燃机的想法。经过150多年的不懈努力，终于在19世纪中叶，人们看到了内燃机出现的曙光。

1862年，法国工程师罗夏在本国科学家卡诺研究热力学的基础上，提出了四冲程内燃机工作原理：活塞下移，进燃气；活塞上移，压缩燃气；点火，气体迅速燃烧膨胀，活塞下移作功；活塞上移，排出废气。四个行程周而复始，推动机器不停地运转。罗夏只是天才地提出了四冲程内燃机的理论，而将这一理论变为现实的是德国发明家尼古拉斯·奥托。

1876年，奥托设计制成了第一台四冲程内燃机，如图1-10所示。这台内燃机使用煤气作为燃料（因此又称“煤气机”），采用火焰点火。它具有体积小、转速快和热效率高等优点，与现代内燃机的原理已经非常接近，是第一台能代替蒸汽机的实用内燃机。为了纪念奥

图1-10　奥托发明的四冲程往复式活塞内燃机

托的发明，内燃机工作过程中的进气、压缩、作功、排气四个行程的循环方式被称为“奥托循环”。

煤气机虽然比蒸汽机具有很大的优越性，但在社会化大生产情况下，仍不能满足交通运输业所要求的高速、轻便等性能。因为它以煤气为燃料，需要庞大的煤气发生炉和管道系统。而且煤气的热值低，故煤气机转速慢、比功率小。到19世纪下半叶，随着石油工业的兴起，用石油产品取代煤气作燃料已成为必然趋势。

1883年，德国人戈特利布·戴姆勒在好朋友威廉·迈巴赫的帮助下，在奥托四冲程发动机的基础上，使用汽油作为燃料通过改进开发了第一台汽油机，如图1–11所示。后来他们还制成了世界上第一台轻便小巧的化油器式、电点火的小型汽油机，转速达到了当时创纪录的750r/min，这也为汽车找到了一种最为理想的动力源。

1897年，德国工程师鲁道夫·狄塞尔摘取了“柴油机发明者”的桂冠，他成功地试制出世界上第一台柴油机，如图1–12所示。1892年狄塞尔经过多年研究，提出压燃式内燃机原理，为柴油机的诞生奠定了理论基础。后来狄塞尔经过多年不懈努力，克服了重重困难，终于在一片质疑声中将柴油机变为现实。柴油机是动力工程方面又一项伟大的发明，它比汽油机油耗低了1/3，是汽车的又一颗机能良好的“心脏”。后人为了纪念狄塞尔的功绩，将柴油机称为“狄塞尔”（英语的DIESEL即为柴油机的意思）。现在还可以在许多汽车后面看到DIESEL的字样，表示这是一辆柴油发动机汽车。

图1–11 第一台汽油机

图1–12 第一台柴油机

二 第一辆汽车的诞生

世界上最早的实用汽车是由德国的两位工程师同时宣布制成的。卡尔·本茨发明了三轮汽车，戈特利布·戴姆勒制造的是四轮汽车，他们两人都被世人尊称为“汽车之父”。本茨与戴姆勒的成功也是“站在巨人的肩膀上取得的”。早在第一辆汽车发明之前，与汽车相关的许多发明就已经出现了，如充气轮胎、弹簧悬架、内燃机点火装置等。客观地说，汽车并不是哪一个人发明的，而是科技进步到一定阶段的必然结果，是许多发明和技术的综合运用。

① 卡尔·本茨的第一辆汽车

1886年，卡尔·本茨在德国曼海姆制成了世界上第一辆三轮汽车，如图1-13所示。1886年1月29日本茨正式取得德国的汽车专利证，这一天也被公认为是汽车的诞生日。

② 戈特利布·戴姆勒的第一辆汽车

1885年，戈特利布·戴姆勒发明了第一辆四轮汽车，如图1-14所示。戴姆勒是一个机器迷，他做过铁匠和车工，也上过几年技术学校。他长期担任内燃机发明者奥托领导下的奥托—朗根公司的技术工作，对奥托内燃机（固定式煤气发动机）的研制作出了重要的贡献。戴姆勒对汽油发动机更感兴趣，他认为奥托内燃机虽然质量大、转速低，但只要稍加改进就可装在汽车上使用。然而奥托本人却目光短浅，墨守成规，他看到当时制造煤气发动机的销路比较好，所以不同意改进。

图1-13 卡尔·本茨的三轮汽车

图1-14 戴姆勒的四轮汽车

1881年，戴姆勒辞去奥托厂的一切职务，转而与威廉·迈巴赫合作开办了当时第一家所谓的汽车工厂，开始研究一种“轻便快速”发动机的设计方案。1883年8月15日，戴姆勒成功发明了世界上第一台“轻便快速”运转的内燃机。这台发动机每马力（1马力=735.499W）能带动80kg重物，达到了相当高的转速。此时，戴姆勒并没有就此满足，他想创造一种“所有车辆都能使用的自动推进器”。在1885年，他又研制出第二台立式单缸内燃机，功率达到了1.1马力。

1886年，戴姆勒又将马车加以改进，增添了传动、转向等必备机构，安装一台1.5马力的汽油发动机，使其成为世界上第一辆没有马拉的“马车”——汽车。这辆车以14.4km/h“令人窒息”的车速从斯图加特驶向康斯塔特，第一辆实用汽车终于诞生了。

三 汽车构造的发展完善

汽车在刚发明时，并没有立即在各种路面车辆中显示出很强的竞争力。蒸汽机有较长的发展历史，比起发展初期的汽车要完善得多。在20世纪初，美国销量最大的还是蒸汽车。当时的蒸汽机已经可以制造得很小，车架用管型钢，整车总质量只有350kg，行驶车速可达40km/h。运转比当时的汽车平稳得多。在当时的多次汽车大赛中，都是蒸汽车夺了第一，以致很多人认为蒸汽车会和汽车有一样的发展前途。但蒸汽车最大的缺点就是起动困难，起动一次需要45min。经过几十年的发展完善，汽车才在路面车辆中占居了主导地位。

1 内燃机的发展完善

1）汽油气化与点火

汽油机燃料供给系统的主要作用是将汽油与空气均匀混合形成可燃混合气，供给发动机燃烧作功。其中最重要的混合气装置是化油器或燃油喷射装置。汽油机先前大多使用化油器，利用化油器使燃油雾化，和空气混合。但是传统的化油器无法精确地获得发动机在不同工况下可燃混合气的空燃比，现代汽车上已大量地被电子燃油喷射（EFI）系统所代替。

所谓电子燃油喷射系统就是用电脑精确控制发动机每循环的喷油量，比起传统的化油器，由于EFI系统计量更准确，雾化燃油更精细，控制发动机工作更敏捷，因此在汽车节油，特别是降低排放污染方面表现出明显的优势。

最早的燃油喷射系统是1952年由德国博世（Bosch）公司在奔驰300L型赛车上采用，它是一种曾用于第二次世界大战德军飞机的机械控制式喷射装置。1957年美国克莱斯勒公司将电子喷嘴首次装用在豪华型轿车上，这是最早的电子控制汽油喷射系统。在电子燃油喷射系统的发展历程中，博世公司作出了很大的贡献。

1967年，博世公司制造出K型机械式燃油喷射系统，由电动汽油泵提供低压燃油，经燃油量分配器输往各缸进气管上的机械式喷油嘴；同年，博世公司制造出D型模拟式电子燃油喷射系统，装在大众1600型轿车上，率先达到了美国汽车排放法规的要求，打入了美国市场。它的喷油量是由发动机的转速和进气歧管内真空度决定的，开创了汽油喷射系统电子控制的新时代。

2）点火装置的发展

点火系统是汽油机上独有的一个系统，它主要的作用是点燃汽缸内可燃混合气。点火方式从最早的热管式点火、磁电机点火、蓄电池点火，一直发展到现在的电子点火。

最早获得热管式点火专利的是英国人牛顿。热管就是一个从汽缸内伸出的封闭金属管，把热管加热到红热状态，由于热管保持高热，当汽缸内混合气被压缩时压力升高，就自行发生点火。

1844年，英国人雷诺茨实现了电火花点火，它是用干电池做电源，点火室内装一根烧到白炽状态的电热铂（白金）丝，利用一个阀门，定时开闭点火室的进气口，可燃混合气接触电热丝而着火燃烧。

1859年，法国的勒诺瓦赫发明了世界上第一只长石质瓷缘体制成的电点火火花塞，使电池和感应线圈产生的高压电火花点火在内燃机上获得了实际的使用。

1883年，德国的西弗兰德·马尔库斯将一台低压磁电机代替蓄电池作为点火电源，并且利用机械方法断开装在燃烧室内触点的电源，产生电火花点燃混合气。由于当时电火花靠这种永磁微型发电机产生，因此称之为磁电机点火。

1908年，美国的斯特林试验成功蓄电池点火系统，采用了触点式控制装置。但是随着发动机转速的提高，传统的机械式点火装置越来越不适应发动机的高速运转，容易造成缺火等问题，因此，无触点的电子点火装置得到了长足发展。

1949年，美国的霍利化油器公司首先取得了在点火系统中使用晶体管的电子点火系统专利，减少了断电器触点磨损、氧化和机械损伤。

1971年，克莱斯勒公司在汽车上开始正式采用全晶体管点火装置。

1973后，克莱斯勒、福特、通用等公司生产的全部汽油车上都以无触点式全晶体管点火装置作为标准装置。目前，汽车发动机点火已经发展到微机控制点火，即点火时间、点火能量都是微机直接控制。

3）内燃机的冷却

内燃机的冷却最初是用一根长而弯的管子让水循环流动来实现的。1901年，迈巴赫发明了蜂窝状的冷却水箱，为高效率的冷却打下了基础。后来采用的水泵强制冷却水循环大大改善了冷却系统的工作效能。它可以有效地避免冷却水因蒸发而造成的损失，同时还可以起到提高冷却水沸点的作用，也就可以使汽车长时间爬坡时避免“开锅”现象发生，大大降低了对发动机零部件的损害，提高了行驶的安全性和平稳性。

4）起动系统

早期的汽车是靠手摇转动曲轴来起动发动机的。这种方式既费力又不方便，需要有两个人配合。最初消除手摇起动的设想是将压缩空气按点火顺序依次送进各缸以使曲轴转动。压缩空气是靠发动机以前工作时带动一个气泵而储存的，除了用于起动发动机外，还可给轮胎充气及带动千斤顶工作。但是这种起动方法并不成功。

1917年，美国凯迪拉克公司研制了第一个电起动器，它是用一个小电动机带动与曲轴相连的飞轮转动来起动发动机的。这项发明的关键在于认识到电动机能在瞬时超负荷运转，所以一个小电动机就可以带动曲轴转动至发动机点火起动，这是由凯特林研究发现的。

5）润滑系统

早期的汽车发动机润滑大多采用“全失”润滑系统。机油送到发动机的工作部件，进行润滑，使用后的机油就白白地流到地上浪费掉。现代汽车广泛采用的压力飞溅润滑系统，在采用了压力润滑后，发动机寿命大大提高。

6）气门的布置

1930年以前的发动机，大多数采用侧置式气门的设计方案。随着发动机转速的提高，逐步采用顶置式气门（成为一种设计标准）。其优点是可使气门的动作加快、减少气门阻力，以便更好地进行换气，还可使燃烧室的设计更加紧凑。

2 底盘系统的发展完善

1）传动系统

本茨的汽车从发动机到驱动车轮是用传动带传动，后来又出现了链传动。在挠性连接部件出现以后，即传动力的两部件之间允许有位置和距离的变动，才普遍采用了传动轴连接锥齿轮的传动方式。

1893年，美国的杜里埃兄弟在汽车上首先使用了干式单片离合器，同时采用了差速器后桥。

1894年，法国的本哈特和拉瓦索发明了齿轮变速器。

1898年，法国雷诺汽车公司首先使用了传动轴。

1902年，皮尔里斯发明了汽车万向节。

1913年，美国的派克特汽车推广应用了螺旋锥齿轮主减速器后桥，之后又采用了准双曲面齿轮主减速器。

1929年，美国凯迪拉克公司首先研制出同步器，它是通过同步器中锥面相互摩擦使两个齿轮转速相同时才允许啮合，换挡时既轻便又不打齿，换挡时间也大大缩短了。

1948年，别克轿车采用了与行星齿轮机构组成一体的液力变矩器，这就是现在液力自动变速器的原型。

2）制动系统

汽车制动器开始是照搬马车上的结构，即用驻车制动带动一个单支点的摩擦片来抱住后轮。但是汽车所需的制动力要比马车大得多，而且汽车倒退时这种制动器常常失灵。1914年开始出现轮内鼓式制动器。

1902年，美国的奥兹发明了钢带与制动鼓式制动器，后来许多汽车都采用了这种制动器。

1903年，美国的廷切尔汽车采用了气压制动器。

1907年，英国的弗罗特发明了石棉制动蹄片。

1919年，法国海斯柏诺—索扎公司制成用脚踏板统一控制的四轮鼓式制动器，并由变速器驱动一个机械伺服机构来增加制动力，使制动效果大为改善。

1921年，美国的杜森伯格公司又推出了液压助力器，由一个主液压缸来放大制动力。以后又出现了气动助力的制动器。制动装置逐渐形成了行车制动控制车轮制动，驻车制动控制传动轴制动的普遍的结构形式。

1928年，皮尔斯·阿罗汽车第一次装用真空助力制动器，它利用进气歧管的真空度以降低驾驶和作用于制动器上的操作力。

1958年，英国道路研究所研制出第一个防抱死制动装置。

3）行驶系统

（1）轮胎。初期的汽车采用的是自行车所用的辐条式铁制车轮，外套实心橡胶轮。这种实心轮当车速超过16km/h时，车就会跳起来，使驾驶人和乘客颠簸得无法忍受。

1895年，法国的米其林兄弟制造出了用于汽车的充气轮胎，改善了汽车的舒适性。这种轮胎分为内胎外胎两层，外胎中用金属丝予以加强，从而使轮胎寿命大大延长。

1946年，米其林公司发明了子午线轮胎，大大改善了轮胎的使用性能。

1948年，美国古德奇公司发明了汽车无内胎轮胎，也就是现在轿车广泛应用的“真空胎”。

（2）悬架。汽车最早采用的是钢板弹簧非独立悬架。

1900年，美国人哈德福特制成了第一个汽车减振器，并将它装在奥兹莫比尔轿车上。

1921年，英国的利兰德汽车公司生产出第一个使用扭杆弹簧悬架的汽车。

1933年，美国的费尔斯通公司研制成了第一个实用的空气弹簧悬架。同年，门罗公司为赫德森轿车研制双向筒式液压减振器。直到现在，这种筒式减振器也没有很大改变。

1934年，通用汽车公司采用了前螺旋弹簧独立悬架。

1938年，别克汽车第一次将螺旋弹簧应用到汽车后悬架上。

1950年，福特汽车公司的麦弗逊制成了麦弗逊式独立悬架，是轿车上应用较多的悬架形式。

1984年，林肯轿车采用了可调整的空气悬架系统，从此电控悬架在汽车上开始采用。

4）转向系统

本茨在他发明的三轮汽车上，首先采用了所谓的齿轮齿条式转向器，但是需靠一根操纵杆控制方向。

1908年，福特T型汽车采用了行星齿轮转向器。

1923年，美国的马尔斯采用了滚珠蜗杆式转向器，这便是最早的循环球式转向器。

1954年，液压动力转向器应用于凯迪拉克轿车上。

1966年，美国轿车上开始采用可伸缩的转向柱。

第三节 世界汽车工业的发展历程

汽车工业通常是指发动机、底盘、车身等各种零部件的设计与制造、营销等所涉及的企业和企业活动。汽车的不断改进和汽车工业的不断发展，大大地改变了人类生活。汽车工业和汽车技术得以发展，离不开各国人民发挥各自的智慧和才能，是世界人民共同努力的结果。

汽车工业的成长经历了漫长的萌芽和发育时期。汽车诞生在欧洲，但是，以大规模生产为标志的汽车工业的形成却是在美国，以后又扩展到欧洲、日本直至世界各国。

一 汽车工业史上的四次重大变革

1 流水线生产方式——福特T型车创造的神话

1903年福特（Ford）汽车公司诞生。美国汽车大王亨利·福特（Henry.Ford）首先提出并实现了“让汽车成为广大群众的需要”。福特汽车公司积极研制结构简单、实用，同时性能完善而售价低廉的普及型轿车。

1908年10月，福特汽车公司正式投产T型汽车，如图1-15所示。福特汽车公司1913年创建世界上第一条汽车装配生产流水线（图1-16），并实行了工业大生产管理方式，实现了产品系列化、零部件标准化。1914年福特汽车公司年产量达到30万辆，1926年达到200万辆，而每辆汽车售价也从首批的850美元下降到1923年的265美元。到1929年T型车停产时，总共生产了500万辆。

图1-15 早期的福特T型车

图1-16 福特第一条汽车生产流水线

福特T型车使汽车在美国得到了普及，让汽车进入了普通美国家庭。福特生产T型车的经验不仅为美国，甚至为世界的汽车工业的发展奠定了基础，福特汽车公司因此被誉为“汽车现代化的先驱”。从那时开始，汽车工业才有条件发展为世界性的成熟产业。现代化流水线的生产方式（图1-17）也成为其他汽车厂商争先效仿的生产方式。

图1-17 现代化的汽车生产流水线

美国汽车工业的形成和发展与当时美国在资本、国民收入、石油资源、市场等各方面都存在优于欧洲的具体条件有关，加之美国政府十分重视国民交通工具的现代化，有意识地引导人们购买汽车。巨大的国内市场造成了美国汽车工业的大发展，出现了大批如通用汽车公司（General Motors）、克莱斯勒公司（Chrysler）等后来闻名世界的汽车公司，最多时美国曾有181家汽车厂。到了1927年，经过残酷的市场竞争仅存留了44家，其中福特、通用、克莱斯勒三大汽车巨头公司的汽车销售量占美国汽车总销售量的90%以上。美国汽车工业的突飞猛进，也使美国首先进入了现代化。

2 汽车产品的多样化——以欧洲为重心的汽车工业发展时期

第二次世界大战以前，西欧各国的汽车产量仅为北美的11.5%；到第二次世界大战以后的1950年，这一数字提高到16%；而到1970年，北美仅生产749.1万辆，而西欧各国的产量达到1037.8万辆。许多欧洲汽车厂家，如德国大众、奔驰、宝马，法国雷诺、标致、雪铁龙，意大利菲亚特，瑞典沃尔沃等，均已闻名遐迩。欧洲汽车工业的大发展使世界汽车工业的重心逐步由美国移向欧洲。

欧洲汽车工业的特点，既有美国式大规模生产的特征，又有欧洲式多品种高技术。例如发动机前置前驱动、发动机后置后驱动、承载式车身、微型节油车等，尽量适应不同的道路条件、国民爱好等要求。因此，形成了由汽车产品单一到多样化的变革。针对美国车型单一、体积庞大、油耗高等弱点，欧洲各国利用本国的技术优势，开发多品种和轻便普及型汽车，形成了多姿多彩的新型车。其中最具代表性的是德国大众公司的甲壳虫普及型轿车，如图1-18所示。

图1-18 大众公司的甲壳虫

在这一时期汽车工业保持了大规模生产的特点，世界汽车保有量激增，汽车工业发展的中心由美国转移到西欧。汽车技术的高科技含量增加，汽车品种进一步增多。汽车工业界对于汽车造成的安全问题、污染问题，在政府的督促和支持下制定了许多对策，并使汽车在结构、性能等方面都得到了大幅度提高。

3 精益的生产方式——日本汽车工业的腾飞

日本汽车工业在20世纪50年代形成完整体系，20世纪60年代是其突飞猛进的时期。1960年，正当美国与欧洲的汽车工业在激烈竞争时，日本推行了终身雇佣制及全面质量管理，促进了劳动者与管理者之间的相互信任，提高了人员素质，调动了积极因素，使工业发展出现了飞跃。特别是汽车工业，出现了有名的“丰田生产方式”，从而在生产组织管理上产生了新的突破，生产出高质量、低消耗、廉价精巧多品种汽车，畅销全世界。

20世纪70年代的两次石油危机使日本认识到包括能源在内的资源短缺是日本的致命弱点，于是日本政府不断强化汽车法规。1978年修改的排放及噪声法规是世界最严格的标准，从而迫使日本汽车工业放弃了向大功率、高车速、豪华大型发展的意图，形成了经济、实用的日本汽车的风格，如图1-19所示。与此同时，日本政府对国外进口汽车进行严格限制，并鼓励各公司积极引进美国汽车技术，从而保护了日本的民族汽车工业。

图1-19　丰田公司的卡罗拉汽车

日本人对世界汽车工业的最大贡献就是开创了“精益生产方式”。这种精益生产方式就是用精益求精的态度和科学的方法来控制和管理汽车的设计开发、工程技术、采购、制造、储运、销售和售后服务的每一个环节，从而达到以最小的投入创造出最大的价值的目的。这其中的每一个环节以及各环节之间的衔接都是经过精心筹划和计算的。日本人的这一创举具有划时代的意义。像日本丰田汽车公司创造的“丰田生产方式”、日产汽车公司出现的“活动板生产方式”、五十铃公司采取的“流通生产法”等，这些生产方式的目的都是为了减少生产过程中的浪费，最大限度地降低成本，加快资金周转，使产品更具竞争力。日本的这种先进生产方式目前已为各国所效仿。

1980年日本汽车产量首次突破1000万辆大关，达1104万辆，一举击败美国成为世界第一。到1987年，日本汽车的年总产量占世界汽车年总产量的26.6%，而美国和西欧四国各分别占23.7%和24.8%。此时，世界汽车工业的重心已移向日本。

当前，尽管世界汽车市场日趋饱和，但日本汽车仍以其优越的性能、合理的价格、可靠的质量、完善的电子设施、低排放、低油耗和多样化的品种不断地扩大世界汽车市场的占有率。

二 世界汽车工业的基本格局

从20世纪90年代后期起，全球汽车业发生的最重要事件莫过于资产重组、联合兼并浪潮了。20世纪90年代后期，全球汽车业发生的比较引人注目和产生较大反响的重组及联合兼并事件主要有：奔驰与克莱斯勒的合并；雷诺与日产以交叉持股（前者在后者占有44%的股份，后者在前者拥有15%的股份）的方式结成战略联盟等。经过几年的演变，世界汽车工业已基本形成所谓的“6+ 3”竞争格局。

“6”指的是通用、福特、戴姆勒—克莱斯勒（简称戴—克）、丰田、大众、雷诺—日产，6家合计年产销量占世界总产销量的比率超过80%。“3”指的是相对独立自主的本田、标致—雪铁龙和宝马。这9家公司的汽车年产销量占世界总产销量的比率约为95%。由此可见，全球汽车（专指轿车和轻型车）工业总的竞争态势是大企业、大集团（一般均是跨国公司）主宰和垄断市场，领导发展潮流，这是不容置疑的客观现象，并且将长期存在。

三 世界汽车工业的发展趋势

世界汽车工业的发展表现为三个特点：第一，世界汽车年产量在波动中增长，产品结构逐年有所变化；第二，跨国企业为实现新兴市场的扩张不断调整战略布局，全球化成为必然趋势；第三，世界汽车技术进步的步伐越来越快，汽车工业正处于科技创新时代。

1 世界汽车年产量在波动中增长

2002～2008年世界汽车年产量的变化如图1-20所示。2010年世界前10国汽车年产量见表1-1。

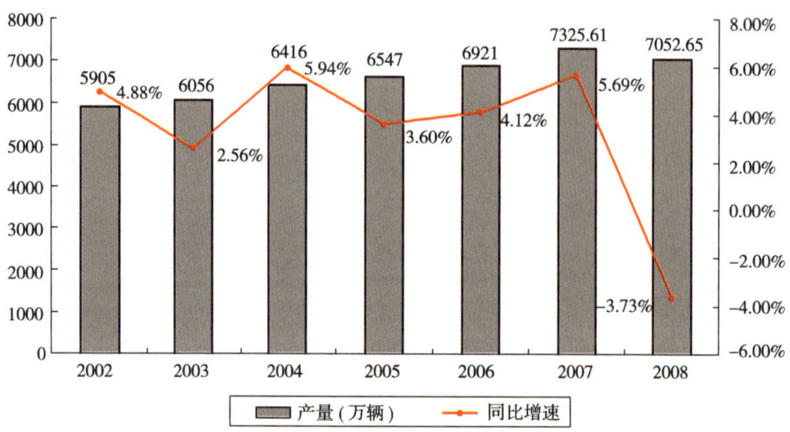

图1-20　2002～2008年世界汽车年产量的变化

从全球的汽车生产格局看，美国、日本、德国、法国四个老牌的汽车强国产量一直占据着全球汽车产量最大的比重。2006年这四个老牌汽车强国的产量占世界汽车总产量约一半。虽然近几年这四个老牌汽车强国的产量比重逐步下降，但截至2010年仍能达到30%左右的较高比重。

金融危机以来，欧美国家增速缓慢，甚至出现大幅度的下滑。亚太新兴国家发展势头强劲，快速增长。包括中国、印度、巴西和俄罗斯在内的“金砖四国”，汽车产量比重逐年上升，近两年汽车产量的增长态势直逼四个老牌汽车强国。

2010年世界各国（地区）汽车产量明细　　表1-1

排名	国家和地区	乘用车（万辆）	商用车（万辆）	合计（万辆）	增长率（%）
1	中国	1389．7	436．7	1826．4	32.4
2	日本	830．7	131．9	962．6	21.3
3	美国	273．1	503．0	776．1	35.4
4	德国	555．2	35．4	590．6	13.4
5	韩国	386．6	40．6	427．2	21.6
6	巴西	282．8	82．0	364．8	14.6
7	印度	281．4	72．2	353．6	33.9
8	西班牙	191．3	47．4	238．7	10.0
9	墨西哥	139．0	95．5	234．5	50.2
10	法国	192．2	30．5	222．7	8.8

2 世界汽车工业全球化成为必然

汽车工业是国际性产业，各汽车厂资产重组、联合兼并成立跨国公司，即全球化。全球化包括汽车开发的全球化、销售战略的全球化和销售服务的全球化。

汽车工业全球化真实地反映了世界经济变化的新特点和新趋势。汽车工业的全球化具有两个特点：

（1）当前汽车产业的国家发展战略从过去依赖本国的能力、知识、人力资源、基础设施、国内零部件供应商、国内市场特征和顾客偏好，转向了地理资源的比较优势，进而采取了开放型竞争战略和比较优势战略。因为，仅仅依靠一个国家内部的资源同时在多个功能领域、多个文化环境、多个行政管理地域内开展竞争，已经不够了。

（2）国际主要汽车制造公司的竞争战略和资源配置方式已经超越了一个国家的地理边界，在全球范围内重新配置资源，以追求最佳的配置效果。跨地域全球性的产业合理化调整，当今已经成为一个准则，产业链中所有的活动都不是在一个国家的框架内实现的，而是基于全球平台操作的。跨国公司利用全球资源，实现投资、开发、生产、采购和销售的最优化，以适应各地区不同的环境和市场偏好的需要，提高其竞争力和谋取竞争优势。例如，在过去的投资模式中，跨国公司在本国建立、保持研究和开发机构，对于目标国市场采取复制产品的方式进行投资；而目前，则是采取将各个功能活动和能力分配给全球市场的方式，也就是说不同国家市场多样性的重要性优先于产品的设计和开发。

进入21世纪以来，汽车工业全球性结构调整步伐明显加快，汽车跨国联盟已成为世界汽车工业发展的潮流，世界汽车工业全球化已成为必然。

3 汽车工业正处于合作、竞争与创新时代

汽车的市场竞争实质上是现代科技的较量，是技术创新的竞争。在提倡环境保护的今天，汽车环保技术的开发和应用在某种程度上可能左右一家汽车公司的未来命运。目前的汽车环境技术以燃料电池车和混合动力车为代表，但无论是燃料电池车还是混合动力车，其开发费用都将超过90亿美元，一家企业很难应付。通用汽车公司就曾因20世纪90年代后期集中精力开发燃料电池车，而忽略了混合动力车的开发，导致目前其混合动力车的开发远远落后于日本汽车公司，失去了一大块市场。通用汽车公司曾表示，由一家公司独自完成复杂的环保技术开发几乎是不可能的。戴姆勒—克莱斯勒汽车公司也认为，汽车公司之间有必要针对个别项目进行合作。2005年9月份，通用决定与戴姆勒—克莱斯勒、宝马进行共同开发，计划于2007年推出具有混合动力系统的多功能车。德国大众与保时捷也决定共同开发混合动力车。美国两大汽车巨头的衰退以及环保技术开发将成为今后全球汽车行业重组的契机，但新一轮重组的主导者将是日本厂家和欧洲厂家。

第二章　世界著名汽车公司与品牌

第一节　美洲著名汽车公司与品牌

一　通用汽车公司与品牌

通用汽车公司创建于1908年，创始人是威廉·杜兰特，总部设在美国底特律市。通用汽车公司是全球最大的汽车制造商，在世界范围内设计、制造和销售各种轿车和载货汽车。通用汽车公司的商标如图2–1所示。

图2–1　通用汽车公司的商标

威廉·杜兰特（1861~1947年）被认为世界汽车发展史上第一位传奇人物。当他看到了汽车的发展前景时，果断地利用自己手中掌握的巨额资金，买下了别克汽车公司。1908年，杜兰特以别克汽车公司为核心创建了早期的通用汽车公司。后经威廉·杜兰特的几番努力，先后联合或兼并了凯迪拉克、雪佛兰、奥兹莫比尔、奥克兰、庞蒂克、休斯和EDS电脑等公司，成立了美国通用汽车公司，使原来的各小汽车公司成为该公司的分部，从而使公司下属的分部达30余个。

通用汽车公司以其雄厚的实力，在汽车技术和产量上成为世界上首屈一指的汽车公司，因此，被称为世界汽车的“巨人”。

通用汽车公司的主要市场包括北美、欧洲、亚太地区、拉美、非洲和中东，其中最大的是北美市场。通用汽车旗下的汽车品牌包括：凯迪拉克、雪佛兰、别克、吉姆西、悍马、庞蒂克、土星、欧宝、萨博、霍顿和大宇，其中前七个是美国本土品牌。

2009年6月1日，通用汽车公司申请破产保护，7月10日更名为通用汽车有限公司，结束破产保护，只保留了凯迪拉克、别克、雪佛兰、GMC四个核心品牌。

1 凯迪拉克品牌

凯迪拉克（CADILLAC）品牌的前身是凯迪拉克汽车公司，创建于1902年，创始人是亨利·利兰德。1909年，凯迪拉克汽车公司加入了通用汽车公司。凯迪拉克汽车公司成立时选用凯迪拉克作为公司的名称，是为了向法国的皇家贵族、探险家安东尼·门斯·凯迪拉克表示敬意，因为他在1701年建立了底特律市。

图2-2 凯迪拉克汽车商标

凯迪拉克汽车商标（图2-2）上为冠、下为盾，周围为郁金香花瓣构成的花环。冠上的7颗珍珠显示出了皇家贵族的尊贵血统，盾象征凯迪拉克军队的英勇，花环表示荣誉。喻示着凯迪拉克牌汽车的高贵和气派。进入21世纪，凯迪拉克使用了新版商标，色彩更明快，轮廓更鲜明。

2 雪佛兰品牌

雪佛兰（CHEVROLET）品牌原是密执安雪佛兰汽车公司，创建于1911年，创始人是为威廉·杜兰特和瑞士的路易斯·雪佛兰。1918年5月，雪佛兰汽车公司并入通用汽车公司。

图2-3 雪佛兰汽车商标

雪佛兰汽车商标（图2-3），是雪佛兰公司的创始人之一的杜兰特看报纸时设计的这个图案，又从巴黎酒店的墙上获得的灵感，受到了法国古老壁画的启发，对其进行了简化，并于1914年首次使用。在西方社会里，领结是人人喜爱的饰物，不但体现着大众文化，更标志着贵族的气派。

3 别克品牌

别克（BUICK）汽车公司创建于1903年5月，创始人是大卫·别克，但不久公司就陷入困境。后在威廉·杜兰特的资助下，公司才兴旺起来。1908年，杜兰特以别克汽车公司为中心建立了美国通用汽车公司。

图2-4 别克汽车商标

别克汽车商标（图2-4）是三把颜色不同（从左到右：红、白、蓝三种颜色）依次排列在不同高度上的利剑。表示积极进取、不断攀登的意念；表示别克部采用顶级技术，刃刃见锋；也表示别克部培养出的人才个个游刃有余，是无坚不摧、勇于登峰的勇士。

4 GMC品牌

GMC（图2-5）是通用集团旗下的商用车部门，主要生产商务车、SUV、皮卡和载货汽车等一系列车型。

图2-5　GMC汽车商标

二 福特汽车公司与品牌

1903年6月16日，亨利·福特创建了福特（FORD）汽车公司，总部设在底特律市。在美国有福特部和林肯·默寇利部等。

亨利·福特（1863~1947年）是福特汽车公司的创始人。1908年，他推出了经济的福特T型车，1913年，创造了用流水线装配汽车的方式，促进了汽车在美国和世界的普及，是世界汽车工业史上具有划时代意义的伟大创举。福特T型车生产了20年，共生产了1500多万辆。福特被誉为“汽车大王”。

1947年4月7日，福特因脑溢血死于底特律市。后人对福特有这样的评价：“当他来到人世时，这个世界还是马车时代；当他离开人间时，这个世界已经成了汽车的世界。”这句话形象地概括了福特对人类文明的发展作出的突出贡献。

1 福特品牌

福特汽车的商标（图2-6）是采用福特英文“Ford”字样，蓝底白字。由于创建人亨利·福特喜欢小动物，所以标志设计者把福特的英文“Ford”画成形似一只活泼可爱、充满活力、美观大方的小白兔形象，犹如在温馨的大自然中，一只活泼的小白兔矫健潇洒地飞奔向世界各地。

图2-6　福特汽车商标

2 林肯品牌

1917年8月，亨利·利兰德创建了豪华汽车公司。1922年2月，福特汽车公司收购了豪华汽车公司，将其更名为林肯（LINCOLN）部。1949年，福特汽车公司将林肯部和默寇利部合并为林肯·默寇利部。

阿伯拉罕·林肯汽车是美国第16任总统。林肯汽车是美国豪华轿车的品牌，它是地位和财富的象征。美国总统胡佛、罗斯福、杜鲁门、艾森豪威尔、肯尼迪、尼克松、卡特、里根、老布什、克林顿都乘坐林肯牌轿车。

林肯汽车商标（图2-7）是一颗闪耀的星辰和一个近似矩形的外框组图案，表示林肯总统是美国联邦统一和废除奴隶制度的启明星，也喻示着林肯牌轿车光辉灿烂。

图2-7　林肯汽车商标

3 默寇利（水星）品牌

默寇利（Mercury）是罗马神话中的主管商业和道路之神的名字。默寇利汽车商标（图2-8）中三条道路分隔线表示天下道路为默寇利牌汽车修筑，也象征着该车将畅通无阻地飞驰在各种道路上。

图2-8 默寇利汽车商标

三 克莱斯勒汽车公司与品牌

克莱斯勒（CHRYSLER）汽车公司在1929年汽车产量上升到美国的第三位，跃升为美国第三大汽车公司，总部设在底特律市，该公司拥有顺风、道奇和吉普部。

沃尔特·克莱斯勒（1875~1940年）是克莱斯勒汽车公司的创始人。1920年，克莱斯勒离开通用汽车公司，受聘于即将倒闭的马克斯威尔汽车公司。于1924年推出克莱斯勒6号车型，打开了新局面，并借机改组接收了马克斯威尔汽车公司。1925年6月6日，在马克斯威尔汽车公司的基础上成立了克莱斯勒汽车公司，比福特汽车公司晚了22年，比通用汽车公司晚了17年，此时克莱斯勒已50岁，可以说是“大器晚成”。

1998年11月12日，享誉全球的德国戴姆勒—奔驰汽车公司和克莱斯勒汽车公司合并为戴姆勒-克莱斯勒公司，成为历年来汽车制造业最大的一起合并。由此戴姆勒—克莱斯勒公司成为全美第二大汽车生产商、世界第五大汽车公司。2009年4月30日，陷入困境的克莱斯勒公司发表声明宣布申请破产。由此，克莱斯勒进入破产程序。同日，美国总统奥巴马宣布了克莱斯勒将于美国时间4月30日正式破产，由美国政府和菲亚特接手。

1 克莱斯勒品牌

克莱斯勒汽车公司商标（图2-9）像一枚五角星勋章，五角星的五个部分，分别表示五大洲（亚州、非州、欧州、美州、大洋州）都在使用克莱斯勒汽车公司的汽车，克莱斯勒汽车公司的汽车遍及全世界。

图2-9 克莱斯勒汽车商标

2 道奇品牌

1914年，由道奇兄弟（约翰·弗朗西斯·道奇和瑞斯·埃尔金·道奇）创建了道奇（DODGE）汽车公司。1928年被克莱斯勒汽车公司收购，成为克莱斯勒车公司的一个分部。道奇部的商标（图2-10）是在一个五边形中的公羊，象征道奇汽车强壮剽悍，善于决斗。

图2-10 道奇汽车商标

③ 吉普（Jeep）品牌

吉普部（图2-11）是美国克莱斯勒汽车公司专门生产轻型越野汽车的部门，是美国克莱斯勒汽车公司接收美国汽车公司后，于1980年成立的子公司，是世界上最大的越野汽车制造厂。

吉普这种车的名字叫“GP”，是GENERAL PURPOSE（多用途车）的缩写，这种小越野车是专门为美国军方生产的，它的发音与美国漫画家施格于1937年创作的漫画形象中的一种神通广大的小鸟在飞行时发出的“吉普吉普”叫声很相近，因此，美国士兵把这种小越野车称为“吉普”。由于它具有传奇的历史和响亮易记的发音，很多人都知道它，甚至不少人将吉普视为越野车的代名词，以为所有的越野车都可称为吉普，这是对吉普这个名字的误解。

Jeep

图2-11　吉普汽车商标

第二节　欧洲著名汽车公司与品牌

一　德国汽车公司与品牌

① 戴姆勒—奔驰汽车公司

戴姆勒—奔驰汽车公司的创始人是卡尔·本茨和戈特利布·戴姆勒，总部设在德国的斯图加特市，它的前身是1886年成立的奔驰汽车厂和戴姆勒汽车厂。1926年两厂合并后，称为戴姆勒—奔驰汽车公司，成为强强联合的首创者。现在，奔驰汽车公司除以高质量、高性能豪华汽车闻名外，它也是世界上最著名的大客车和货型载货汽车的生产厂家。1998年，与美国的克莱斯勒公司合并成“戴姆勒—克莱斯勒”公司。2007年5月18日，戴姆勒—克莱斯勒集团证实，戴姆勒与克莱斯勒两集团再度分家。

现在人们往往不将奔驰汽车称戴姆勒—奔驰。而实际上，更多人称它梅塞德斯—奔驰（Mercedes-Benz）。那么梅塞德斯的名字是什么来历呢？其实“梅塞德斯”是一个奥地利小女孩（图2-12）的名字。梅塞德斯是一个西班牙高雅的女性名称，原意是优美、慈悲。梅塞德斯的父亲是一位奥地利商人，叫艾米尔·耶利内克。

图2-12　梅赛德斯

1900年戴姆勒公司与耶利内克签署协议，耶利内克向戴姆勒公司订购36辆总值为55万马克的汽车（相当于现在的250万欧元），而后他又订购了36辆车。但是，他有一个要求，戴姆勒车的名字，用法语说，鼻音太重，显得很笨拙，很难入耳。而梅塞德斯这个名字，法国人很熟悉，听起来也很令人赏心，显得高雅。鉴于这么一大笔生意，于是戴姆勒公司同意专门为耶利内克开发新的汽车，并且命名为梅塞德斯。耶利内克从此被称为“Mercedes之父”，由此开始了梅塞德斯车的历史。

戴姆勒—奔驰汽车公司成立后，所用商标是将原戴姆勒汽车公司商标和奔驰汽车公司商标进行了综合（图2-13），在两个嵌套的圆中含有一颗三叉星，“MERCEDES”字样在上，“BENZ”字样在下，两者之间用月桂枝树叶相连。

a) 原戴姆勒商标　　b) 原奔驰商标　　c) 综合后的戴姆勒—奔驰商标

图2-13　戴姆勒—奔驰汽车商标的演变

现在戴姆勒—奔驰汽车公司和汽车商标，是简化了的形似转向盘的一个环形圆包围着三叉星商标，如图2-14所示。

2 大众汽车公司

德国大众汽车公司创建于1937年5月，是德国最大的汽车生产集团，创始人是费迪南德·波尔舍（1875~1951年）。1938年，大众汽车新厂在沃尔斯堡奠基，由波尔舍主持建设，并于1939年建成。目前，大众汽车公司旗下拥有大众、奥迪、宾利、保时捷、斯柯达、西亚特、兰博基尼和布加迪等汽车品牌。

图2-14　奔驰的三叉星汽车商标

大众汽车公司的德文是“Volkswagenwerk”，意为大众使用的汽车，图形商标（图2-15）是德文单词中的两个字母V和W的叠合，并嵌套在一个圆内。它也标志着由中指和食指做出的“V”组成，表大众公司及其产品必胜—必胜—必胜。

图2-15　大众汽车商标

3 奥迪汽车公司

1899年，奥古斯特·霍希在科隆创建了霍希（HORCH）汽车公司。后来，由于企业管理阶层矛盾日益扩大，霍希不得不在1909年6月离开自己创办的汽车公司。1910年，霍希又创建了第二家霍希汽车公司，但遭到原公司的控告，法院裁定新建的汽车公司必须更名。但霍希不甘心败诉，坚持让公司与自己同名，董事会对此一筹莫展。后来，有人将霍希译成拉丁文奥迪（Audi），开始推出奥迪系列各款汽车。

1932年，由奥迪、霍希、旺达尔、DKW四家公司合并组成汽车联盟公司，商标（图2-16）采用了四连环图案。这四个相同紧扣着的圆环，象征公司成员平等、互利、协作的密切关系和奋发向上的创业精神。

图2-16　奥迪汽车商标

1958年，汽车联盟公司被戴姆勒—奔驰汽车公司收购。1964年又被转卖给大众汽车公司。1969年，大众汽车公司买下德国的纳苏汽车公司，汽车联盟公司改称为奥迪纳苏汽车联合公司。1985年，又更名为奥迪汽车公司，商标未变。奥迪汽车公司生产的轿车有奥迪A4、A6、A8等。

4 宝马汽车公司

1916年，卡尔·拉普和马克思·弗里茨在德国慕尼黑建立了巴依尔发动机公司（Bayerische Motoren Werkbag——BMW），1918年更名为宝马汽车公司。20世纪50年代，宝马汽车公司经营十分困难，险些被当时强大的奔驰汽车公司收购，成为奔驰的一员，好在德国匡特家族收购了宝马汽车公司46%的股份成为最大股东，坚持自我发展的道路，避免了宝马品牌的沦落。此后宝马汽车公司相继收购了英国路虎、劳斯莱斯和迷你（MINI），成为一个后起的跨国大公司。2003年3月，宝马汽车公司将旗下的路虎公司以1美元的价格出售给了美国福特汽车公司。

宝马汽车商标（图2-17）是在双圆环的上方标有BMW字样，这是宝马汽车公司全称的缩写。商标内圆中为蓝白两色相间的螺旋桨图案，代表在蓝天白云和广阔时空旅途中运转不停的螺旋桨，象征宝马汽车公司过去在航空发动机技术方面的领先地位，又象征着公司在广阔时空旅途中，以创新科技、先进的观念，满足消费者的最大的愿望，反映了宝马汽车公司蓬勃向上的气势和日新月异的面貌。

图2-17　宝马汽车商标

5 保时捷汽车公司

保时捷（PORSCHE）汽车公司成立于1930年，创建人是费迪南德·波尔舍，总部设在斯图加特市，该公司生产的跑车和赛车在世界上很有名气。

保时捷汽车商标（图2-18）由文字商标“PORSCHE”和图形商标（斯图加特盾形市徽）两部分构成，字样“PORSCHE”在商标最上方，市徽中的“STUTTGART”说明保时捷汽车公司总部

图2-18　保时捷汽车商标

设在斯图加特市，商标中间是一匹骏马，表示斯图加特这个地方盛产一种名贵骏马，商标的左上方和右下方是鹿角的图案，表示斯图加特曾是皇家的狩猎地，商标的右上方和左下方有黑色、红色和黄色的条纹，黑色代表肥沃的土地，红色象征着人们的智慧和热情，黄色代表成熟的麦子，该商标展现了保时捷汽车公司美好的未来。

6 欧宝汽车公司

1862年，阿德姆·奥贝尔在吕塞尔海姆创建了欧宝（OPEL）公司，曾译为奥贝尔公司，公司最初生产缝纫机、自行车。1897年开始生产汽车，1924年建成德国第一条生产汽车的流水线。1929年，成为美国通用汽车公司的子公司。近十多年，已经畅销全球的欧宝欧米伽（Omega）、维达（Vectra）、议员（Senator）、雅特（Astra）等轿车在世界各地的各种权威轿车评选中获得多项大奖，这也是对欧宝轿车长期以来所坚持的科技创新和精良工艺的最好肯定。

图2-19　欧宝汽车商标

欧宝汽车商标（图2-19）由图案和文字组成。图案是震撼世界的闪电，像闪电一样划破长空，代表公司的技术进步和发展。文字是创始人的姓氏“OPEL”。

二 法国汽车公司与品牌

1 标致—雪铁龙汽车公司

1）标致品牌

自德国人发明汽车后，法国汽车工业的先驱者们迅速地制造汽车，完善汽车结构，创建汽车公司。1890年，法国人勒内·本哈特、埃米尔·拉瓦索和阿尔芒·标致制造了法国第一辆汽车，开了法国汽车工业的先河。1896年，标致在蒙贝利亚尔省创建了标致（PEUGEOT）汽车公司。该公司生产的主要车型有标致106、标致205GT、标致309GR、标致405、标致505、标致407等，我国引进生产的车型是标致307和标致206。

图2-20　标致汽车商标

标致汽车商标（图2-20）是雄狮。雄狮图案是蒙贝利亚尔省创建人标致家族的徽章。据说，标致的祖先曾到美洲探险，在那里见到了令人惊奇的动物——狮子，于是就用狮子做家族的徽章，后来又成为蒙贝利亚尔省的省徽。雄狮商标最初只用于锯条，1880年演变为标致公司的唯一商标，目前采用的是前爪伸出做拳击状的立狮图案。雄狮商标既突出了力量，又强调了节奏，富有时代感。喻示着标致汽车像雄狮一样威武、敏捷，永远保持旺盛的生命力。

2）雪铁龙品牌

1912年，安德烈·雪铁龙创建了以自己姓氏命名的雪铁龙齿轮公司，1915年更名为雪铁龙汽车公司。由于雪铁龙汽车公司的前身是雪铁龙齿轮公司，所以商标（图2-21）是人字形齿轮的一对轮齿，象征人们密切合作，同心协力，步步高升。

1976年，标致汽车公司与雪铁龙（CITROEN）汽车公司合作，成立了标致—雪铁龙汽车公司。1980年，改为标致—雪铁龙集团（PSA），包括标致汽车公司、雪铁龙汽车公司和塔伯特汽车公司。

CITROËN

图2-21　雪铁龙汽车商标

② 雷诺汽车公司

雷诺（RENAULT）汽车公司由路易斯·雷诺与其兄菲尔南德·雷诺于1898年在法国比杨古创建，并以创始人姓氏命名。雷诺汽车公司生产的主要车型有阿尔平（Alpine）、埃斯帕斯（Espace）、梅柑娜（Megane）、风景（Scene）等。

雷诺汽车商标（图2-22）为菱形图案，象征雷诺三兄弟与汽车工业融为一体，表示雷诺汽车公司能在无限的空间中竞争、生存和发展。

RENAULT

图2-22　雷诺汽车商标

三 英国汽车公司与品牌

① 劳斯莱斯汽车公司

劳斯莱斯（ROLLS-ROYCE）汽车公司创建于1906年，是由劳斯汽车销售公司和莱斯汽车制造公司联合而成，并以创始人查尔斯·劳斯和亨利·莱斯的姓氏命名。

劳斯莱斯轿车以外形独特、古色古香、性能优良而闻名于世，是当今世界最尊贵、最豪华、最气派的轿车，被誉为“帝王之车”，在世界车坛上享有崇高的地位。

劳斯莱斯汽车商标（图2-23）采用ROLLS、ROYCE两个单词的开头字母R叠合而成，喻意团结奋进、精诚合作、共同创业的精神。汽车雕塑商标采用一尊女神像，做飞翔姿态，意为速度之魂。

a) 文字商标　　b) 雕塑商标

图2-23　劳斯莱斯汽车商标

② 捷豹汽车公司

捷豹（JAGUAR）汽车公司又称美洲虎汽车公司，创建于1935年，创始人是威廉·莱昂斯，总部设在英国的考文垂，该公司曾是美国福特汽车公司的子公司，现属于印度塔塔集团。美洲虎跑车是该公司的名牌产品。富有动感和勇猛无比的新美洲虎跑车，在造型上继承了原美洲虎的特点，使新美洲虎更加焕发出新的时代光彩。美洲虎跑车以其雄姿而倾倒众多车迷，受到车迷们的特殊宠爱和垂青。

a) 图案商标　　b) 雕塑商标

图2-24　捷豹汽车商标

美洲虎目前采用美洲虎雕塑和头像商标，如图2-24所示。美洲虎是世界最稀有名贵的动物，这也体现了美洲虎汽车公司生产的汽车名贵和其勃勃雄心。

3 路虎汽车公司

路虎（Land Rover）曾在中国翻译成“陆虎”，是世界著名的英国越野车品牌，自创始以来就始终致力于为其驾驶人提供不断完善的四驱车驾驶体验。在四驱车领域中，路虎公司不仅拥有先进的核心技术，而且充满了对四驱车的热情：它是举世公认的权威四驱车革新者。尽管路虎在不断改进产品，但它始终秉承其优良传统：就是将公司价值与精益设计完美的结合。

路虎（图2-25）曾属于英国罗孚（ROVER）汽车公司，创建于1884年的自行车制造厂，1904年开始生产汽车。1966年并入利兰德汽车公司，组成新的路虎汽车公司。1994年被德国宝马公司接管。2000年，又被福特汽车公司收购。2008年，由于金融危机的影响，福特公司急于寻求资金就把其子品牌路虎和捷豹卖给了印度的塔塔集团，不过现在路虎越野车仍然在英国原厂生产。

图2-25　路虎汽车商标

罗孚是北欧的一个民族，他们勇敢善战，多从事海盗的活动，被誉为海上猛虎。用路虎作为车名表示该公司所生产的汽车像罗孚民族一样勇猛顽强。

4 宾利汽车公司

宾利（BENTLEY）汽车公司于1919年8月成立，创始人是沃尔特·欧文·宾利，该公司主要生产运动车。1931年，宾利汽车公司被劳斯莱斯汽车公司兼并，兼并后的宾利汽车公司也生产豪华轿车。1998年，宾利被大众公司收购，一度有人担心宾利的形象会被改变，但德国人并没有改变宾利，宾利的英国皇家血统仍然纯正。

宾利汽车商标（图2-26）是一只展翅翱翔的雄鹰，鹰的腹部注有公司名称“BENTLEY”第一个大写英文字母“B”。鹰形商标喻示着宾利汽车公司在全球范围内的发展能力。

四 意大利汽车公司与品牌

1 菲亚特汽车公司

菲亚特（FIAT）是意大利都灵汽车制造厂（Fabbrica Italiana di Automobili Torino）的缩写，该厂创建于1899年，厂址设在都灵市，创始人是乔瓦尼·阿涅利。经过一个多世纪的发展，菲亚特汽车公司已成为意大利规模最大的汽车公司，不仅汽车产量占意大利汽车总产量的90%以上，而且还控制着阿尔法·罗米欧、蓝旗亚、玛莎拉蒂、法拉利等汽车公司。现在菲亚特汽车都采用矩形商标，如图2-27所示。

图2-26 宾利汽车商标

菲亚特轿车造型紧凑、线条简练、优雅精致、极富动感和充满活力，处处显现拉丁民族热情、浪漫和灵活的风格。所以菲亚特轿车的造型一直引导着世界汽车造型的潮流。

图2-27 菲亚特汽车商标

依维柯（IVECO）公司的全称为工业车辆公司，创建于1975年，是一家以菲亚特汽车公司为主体的三国四公司（意大利：菲亚特汽车公司、奥姆股份有限公司；法国：尤尼克股份有限公司；德国：马基路斯—道依茨公司）组成的欧洲跨国公司，主要生产载货汽车和客车。

2 法拉利汽车公司

法拉利（FERRARI）汽车公司是意大利超级跑车和赛车制造公司，始建于1929年（最早是赛车俱乐部，即法拉利车队的前身），创始人是恩佐·法拉利，公司总部设在摩德纳，现为菲亚特汽车公司的子公司。

法拉利汽车的商标（图2-28）是一匹跃起的马。在第一次世界大战中意大利有一位表现非常出色的飞行员，他的飞机上就有这样一匹会给他带来好运气的跃马。在法拉利最初的比赛获胜后，一位飞行员的父母亲（一对伯爵夫妇）建议：法拉利也应在汽车上印上这匹带来好运气的跃马。后来这位飞行员战死了，马就变成了黑颜色。标志上部的绿、白、红三色是意大利国旗的颜色，而标志底色为公司所在地摩德纳的一种著名金丝雀的颜色。2000～2004年，法拉利汽车公司生产了F2000、F2001、F2002、F2003GA和F2004P1赛车，这些赛车均是2002～2004年夺冠的F1赛车。

图2-28 法拉利汽车商标

3 玛莎拉蒂汽车公司

1914年，玛莎拉蒂（MASERATI）家族的四兄弟创建了玛莎拉蒂汽车公司，主要生产赛车和跑车，目前为菲亚特汽车公司的子公司。

玛莎拉蒂汽车商标（图2-29）是一个三叉戟兵器，相传这个兵器是罗马神话中海神纳普丘（在希腊神话中则称为波塞顿）手中的武器，它显示海神巨大无比的威力。该商标表示玛莎拉蒂汽车公司及其汽车，像浩渺无垠的大海咆哮澎湃，隐喻了玛莎拉蒂汽车快速奔驰的潜力。

图2-29　玛莎拉蒂汽车商标

4 兰博基尼汽车公司

兰博基尼（LAMBORGHINI）汽车公司创建于1961年，创始人是弗鲁西欧·兰博基尼，主要生产跑车和赛车。1987年，兰博基尼汽车公司与美国克莱斯勒汽车公司合并。1993年底，克莱斯勒汽车公司又将兰博基尼汽车公司卖给了印度尼西亚的梅佳—泰克财团。1998年，兰博基尼汽车公司又被奥迪汽车公司收购。

兰博基尼汽车商标（图2-30）是一头金色斗牛，全身充满力气，正准备冲击，寓意该公司生产的赛车功率大，速度快、战无不胜。

图2-30　兰博基尼汽车商标

五 瑞典汽车公司与品牌

1 沃尔沃汽车公司

1927年，阿瑟·加布里尔森和古斯塔夫·拉尔森在瑞典哥德堡创建了沃尔沃（VOLVO）汽车公司，也译为富豪汽车公司。1999年1月，福特汽车公司收购了沃尔沃汽车公司的轿车部。2010年8月，中国浙江吉利控股集团有限公司正式完成对沃尔沃品牌100%的收购，收购内容包括沃尔沃轿车的9个系列产品、3个最新平台、2000多个全球网络以及相关的人才和重要的供应商体系。沃尔沃净资产超过15亿美元，品牌价值接近百亿美元。

图2-31　沃尔沃汽车商标

沃尔沃汽车商标（图2-31）为车轮，并有指向右上方的箭头。“VOLVO”是滚滚向前的意思，寓意着沃尔沃汽车的车轮滚滚向前和公司兴旺发达，前途无量。

2 萨博汽车公司

萨博（SAAB）汽车公司也曾译为绅宝汽车公司，创建于1937年4月，它的前身是斯文斯卡飞机有限公司（Svenska Aeroplan Artie Bolaget），缩写为SAAB，1991年与美国通用汽车公司合资，主要生产萨博900i、萨博9-x等轿车。

萨博汽车商标（图2-32）正中是一头戴皇冠的狮身鹫首怪

图2-32　萨博汽车商标

兽，皇冠象征着尊严、权威和高贵，半鹰、半狮的怪兽则是空中与地面全方位力量的象征，再融合了“SAAB”的标识字母，风格整体一致，整齐划一，喻示着萨博汽车的高贵和显耀。

第三节　亚洲著名汽车公司与品牌

一　日本汽车公司与品牌

1 丰田汽车公司

丰田（TOYOTA）汽车公司的前身是1933年在丰田自动织布机制作所设立的汽车部，创始人是丰田喜一郎。1937年8月28日，正式独立为丰田汽车工业公司；1982年7月1日，丰田汽车工业公司和丰田汽车销售公司合并为丰田汽车公司，总部设在丰田市。丰田汽车公司主要生产皇冠（Crown）、卡罗拉（Corolla）、陆地巡洋舰（Land Cruiser）、威驰（Vios）、雷克萨斯（Lexus）等型轿车。

丰田喜一郎（1894~1952年）是丰田汽车公司的创始人，是日本“国产汽车之父”，是“丰田生产方式”的奠基人。

1）丰田品牌

20世纪80年代后期，丰田汽车公司图案商标改成三个椭圆，如图2-33所示。外边的大椭圆表示地球，大椭圆内的一个横向椭圆和一个纵向椭圆构成一个“T”字，是TOYOTA的第一个字母，代表丰田汽车公司。商标富有动感，表示丰田汽车公司在世界上永远发展。其内涵正如该公司所解释的：它象征着丰田立足于未来，对未来的信心和雄心；它象征着丰田置身于顾客，对顾客的保证；它象征着丰田技术之高和革新的潜力。

图2-33　丰田汽车商标

卡罗拉轿车是丰田车系中的代表车型和佼佼者。自从1966年成功推出后，40年间历经十代畅销不衰，行销世界超过140个国家和地区，累积销量超过3000万辆，创造了单一品牌车型累积销量第一的世界纪录。

2）雷克萨斯品牌

雷克萨斯车名是丰田汽车公司花费3.5万美元请美国一家起名公司命名的，因为雷克萨斯（Lexus）的读音与英文豪华（Luxe）一词相近，使人们联想到该车是豪华轿车。雷克萨斯轿车商标（图2-34）采用车名“Lexus”第一个字母L的大写，L的

图2-34　雷克萨斯汽车商标

外面用一个椭圆包围着的图案，椭圆代表地球。

2 日产汽车公司

日产（NISSAN）汽车公司又称尼桑汽车公司。1933年，日本户烟铸造公司与日本产业公司合资建立汽车制造公司，于1934年更名为日产汽车公司。“日产”是日本产业的简称。2009年8月，日产汽车公司宣布新总部将迁回至公司创始地日本横滨市。新总部秉承环保理念，在设计上致力于降低二氧化碳排放和节约能源。

1999年3月，日产汽车公司和与法国雷诺汽车公司签订了一个全面的联盟协定，旨在加强日产汽车公司的财政地位，同时获得双赢的发展。这种联盟旨在加强品牌知名度，使这些品牌具有明显的能力和特点，而且能够在21世纪的全球市场上有效地参与竞争。目前，日产汽车公司在中国销售的车型有逍客、轩逸、奇骏、天籁、骏逸、颐达、骊威等。

1）日产品牌

日产汽车商标（图2-35）是将NISSAN（日产）放在在太阳（日本国旗图案）上，对公司名称和所在国家给予突出。

图2-35　日产汽车商标

2）英菲尼迪（无限）品牌

1989年11月8日，日产汽车公司的豪华品牌英菲尼迪（Infiniti）在北美首次面世。几年之内，英菲尼迪迅速成为北美豪华车市场最重要的品牌之一。到2005年，英菲尼迪在美国的累计销量已经超过了100万辆。

图2-36　英菲尼迪汽车商标

英菲尼迪的椭圆形标志（图2-36）表现的是一条无限延伸的道路。椭圆曲线代表无限扩张之意，也象征着“全世界”；两条直线代表通往巅峰的道路，象征无尽的发展。英菲尼迪的标志和名称象征着英菲尼迪人的一种永无止境的追求：创造有全球竞争力的真正的豪华车用户体验和最高的客户满意度。

3 本田汽车公司

本田（HONDA）汽车公司是世界上最大的摩托车生产厂家，汽车产量和规模也名列世界十大汽车厂家之列。其前身是本田技术研究所，1948年由本田宗一郎创建，以姓氏对公司命名，公司总部设在东京。现在，本田公司已是一个跨国汽车、摩托车生产销售集团，它的产品除汽车、摩托车外，还有发电机、农机等动力机械产品。目前主要生产雅阁（Accord）、思域（Civic）、思迪（City）等型轿车。

本田汽车商标（图2-37）采用HONDA的第一个字母H，

图2-37　本田汽车商标

周围用方框围着，体现了技术创新、团结向上和经营有力。

4 马自达汽车公司

马自达（MAZDA）汽车公司的前身是1920年创建的东京软木工业公司，创建人是松田重次郎，MAZDA为松田的拼音。1982年，更名为马自达汽车公司，主要生产马自达929、马自达323、马自达M6等型轿车。马自达汽车公司是至今还坚持生产装用转子发动机轿车的公司，马自达MR-8安装了最新投入使用的转子发动机，是一辆真正带有马自达基因的汽车。目前，马自达汽车商标采用飞鹰（图2-38），意味着马自达展翅高飞，勇闯车坛顶峰。

图2-38　马自达汽车商标

5 五十铃汽车公司

五十铃（ISUZU）汽车公司成立于1949年7月，公司名称来源于日本伊势（ISUZU）的五十铃河。日本五十铃汽车公司是最具规模及历史最悠久的商用车制造商之一，五十铃以重型载货汽车起家，旗下的四驱车也以坚固、耐用、荷载大而闻名于世，而其柴油发动机更是供给不少其他车厂，所以国内很多皮卡和SUV都是采用它的底盘和车身技术。

1974年，五十铃汽车采用双柱商标（图2-39），左边那根柱子象征着与用户并肩前进的五十铃；右边那根柱子象征着与世界各国协作发展的五十铃。

图2-39　五十铃汽车商标

6 三菱汽车公司

三菱（MITSUBISHI）汽车公司的前身是岩奇弥太郎1870年创建的九十九商会，1873年将九十九商会改称为三菱商会，1970年，三菱汽车公司从三菱集团中独立出来。该公司生产快乐（Debonair）、枪骑兵（Lancer）、帕杰罗（Pajero）等型轿车和轻型越野汽车。

三菱汽车以三枚菱形的钻石为标志（图2-40），体现公司的三个原则：承担对社会的共同责任；诚实与公平；通过贸易促进国际谅解与协作。这个商标也正凸显了三菱汽车菱钻式的造车艺术。

图2-40　三菱汽车商标

7 铃木汽车公司

铃木（SUZUKI）是日本的一个姓氏。铃木公司成立于1920年，1952年开始生产摩托车，1955年开始生产汽车。铃木汽车公司成立于1954年，以生产微型汽车为主。铃木也是丰田集团成员，同时通用持有铃木10%的股权。铃木汽车公司是最早与中国汽车公司合作成功的，其在中国生产的主要车型有奥拓、雨燕、天语和羚羊等。

图2-41 铃木汽车商标

铃木汽车商标（图2-41）图案中的“S”是SUZUKI的第一个大写字母，它给人以无穷力量的感觉，象征无限发展的铃木汽车公司。铃木通过向全世界的客户提供优质产品，并且向使用铃木产品的客户提供优质服务，面向每位客户，以实现与客户建立终生信赖的关系为目标而不懈努力。

二 韩国汽车公司与品牌

1 现代汽车公司

现代汽车公司（HYUNDAI）建于1967年12月，创始人是郑周永，总部位于首尔，建厂初期只是组装美国福特汽车公司的轿车，到1974年才开始生产自己的轿车。现代汽车公司主要生产阿克森特（Accent）、兰特拉（Lantra）、索纳塔（Sonata）和伊兰特（Elantra）等型轿车。

现代汽车商标（图2-42）为现代汽车公司英文拼音HYUNDAI的第一个字母H，与日本本田商标区别在于它用的H为斜花体，且H外边用椭圆包围着，象征现代汽车遍及全球。

图2-42 现代汽车商标

2 起亚汽车公司

起亚汽车公司成立于1944年，是韩国最早的汽车制造商，现在隶属于现代集团。起亚作为韩国汽车工业的驱动力，拥有完善的乘用车和商用车生产流水线，具有年产100万辆汽车的生产能力。起亚汽车公司的国外业务占60%，通过在180多个国家的销售网络进行销售。旗下的主力车型有赛拉图、锐欧、狮跑和智跑等。

图2-43 起亚汽车商标

起亚汽车现行的商标是由白色的椭圆、红色的背景和黑体的“KIA”三个字母构成，而更改后的标识将变为亮红的椭圆、白色的背景和红色的“KIA”字样，给人予更加新鲜活。起亚汽车公司商标是英文“KIA”，形似一只飞鹰，象征公司如腾空飞翔的雄鹰，如图2-43所示。

3 大宇汽车公司

1967年，金宇中创建大宇（DAEWOO）汽车公司，位于仁川市，是韩国第二大汽车公司。大宇与美国通用汽车公司关系密切，在创业之初便与通用汽车公司合作生产轿车和8t以上货车及大客车。大宇以出口为目标，在韩国是最早出口汽车的企业，早在1984年就出口汽车到美国。

大宇汽车公司采用形为蝴蝶的商标，如图2-44所示。大宇汽车商标像高速公路大“动脉”一样向未来无限延伸，表示大宇的未来和发展意志：椭圆形代表世界；向上展开的花朵形态，体现了大宇家族的创造力和挑战精神。

图2-44　大宇汽车商标

4 双龙汽车公司

双龙汽车公司（SSANG YONG Motor Company）附属韩国双龙集团，是以制造四轮驱动汽车为主，并生产大型客车、特种车、汽车发动机及零配件的著名汽车制造企业。其前身为创立于1954年的东亚汽车公司，1986年10月并入双龙集团，1988年3月更名为双龙汽车公司。以犀牛牌四轮驱动吉普车和克兰多牌家用型吉普车为代表的双龙汽车，已出口到欧洲、亚洲、中南美洲及非洲等60多个国家和地区。双龙汽车从专门生产四轮驱动越野车和特种车起家，后与德国奔驰汽车公司合资，引进先进技术，发展成为综合性的汽车制造企业。

双龙汽车商标（图2-45）采用两条腾飞的龙作为标志。2005年1月27日，上海汽车集团股份有限公司完成韩国双龙汽车公司的股权交割手续，获得双龙汽车公司51.33%的股份，正式成为其第一大股东。双龙汽车公司主攻中、高档四驱越野车和轿车市场，主要产品有豪华轿车、四驱越野车和豪华MPV等。在进入上海汽车大家庭后，双龙将以“一条心、新起点、新挑战”作为新的价值观，充分发挥上海汽车股份和双龙汽车公司双方的协同效应，在产品设计、零部件采购和营销网络等方面增强双方的整体竞争力。

图2-45　双龙汽车商标

第三章 汽车在中国

第一节 中国汽车工业的发展历程

一 旧中国汽车工业的背景

1901年，匈牙利商人李恩思从欧洲购进两辆美国生产的奥兹莫比尔汽车（图3-1）到上海自备使用，中国从此开始出现汽车。

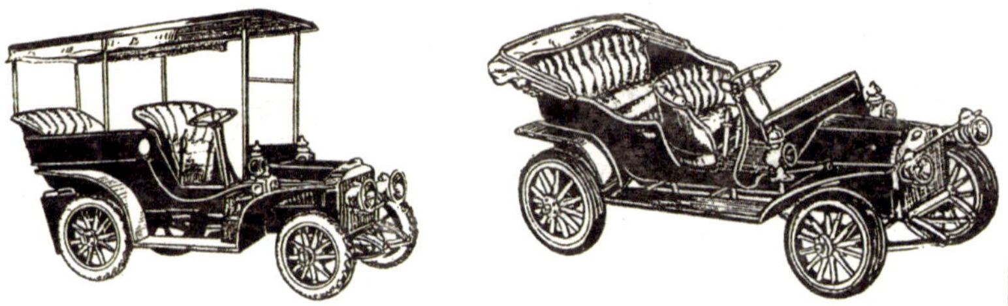

图3-1 中国出现最早的汽车

1902年，袁世凯为取悦慈禧太后，通过香港购置了一辆第二代奔驰轿车（图3-2）送给慈禧太后，“老佛爷”慈禧成为中国历史上的第一位有车族。

张学良将军是中国历史上第一个实际组织生产国产汽车的人，1927年，张学良在沈阳的兵工厂开始试制生产汽车，于1931年5月，成功试制了一辆“民生”牌载货汽车，如图3-3所示。

1931年“九·一八”事变爆发，日本人侵了东三省，扼杀了我国汽车工业的萌芽。日本却借机盗取成果，成立了同和汽车株式会社，到1945年日本投降时，已达年产量5000辆的生产能力。旧中国的汽车工业的各种努力均以失败告终。至1949年，中国历年累计进口汽车7万余辆，当时的汽车保有量为5万余辆，但产品可以说是“万国汽车”。

图3-2 第二代奔驰轿车

图3-3 “民生”牌载货汽车

二 新中国汽车工业的崛起

中华人民共和国的成立，为中国汽车工业开辟了新的道路。毛泽东主席、周恩来总理等第一代国家领导人亲自筹划建立中国自己的汽车工业。经过几代人的艰苦奋斗，现在我国汽车工业进入了快速发展的高速路。我国汽车工业的发展可概括为初创、自主建设和全面发展三个阶段。

1 初创阶段（1950~1965年）

1）汽车工业的筹划

1950年1月，毛泽东主席、周恩来总理率领中共中央代表团访问前苏联，商定前苏联援助中国建设156项重点工程，其中包括建设一座现代化汽车厂。

1951年4月，国务院财经委员会批准第一汽车制造厂在长春市兴建。

1952年11月，党中央任命饶斌为第一汽车制造厂厂长。饶斌是“中国汽车工业的奠基人”，也被誉为“中国汽车之父”。

2）第一汽车制造厂的建立

1953年7月15日，在吉林省长春市孟家屯举行了隆重的第一汽车制造厂建设奠基典礼。毛泽东主席亲笔题词“第一汽车制造厂奠基纪念”，从此，中国第一汽车制造厂的建设拉开了帷幕。经过建设者们的艰苦努力，1956年7月13日，第一辆解放CA10型载货汽车（图3-4）成功下线，这标志着中国不能制造汽车的历史从此结束，为中国汽车工业树立了不朽的丰碑，“一汽”也被誉为“中国汽车工业的摇篮”。

图3-4 解放CA10型载货汽车

1958年5月，第一汽车制造厂生产出第一辆东风牌CA71型普及轿车，我国终于迈出了自制轿车的第一步。1958年7月，第一汽车制造厂自行设计、试制的第一辆红旗牌CA72高档轿车诞生，如图3-5所示。红旗高档轿车是国产高档轿车的先驱，成为国家领导人的公务用车。1963年8月，第一汽车制造厂建成了具有批量生产能力的红旗牌轿车生产基地。

3）5个汽车生产基地的形成

1966年，我国汽车工业已形成第一汽车制造厂、南京汽车制造厂、上海汽车制造厂、济南汽车制造厂和北京汽车制造厂5个汽车生产基地，基本填补了汽车各类车型的空白。

（1）南京汽车制造厂。南京汽车制造厂的前身是新中国成立前的枪炮修理厂。1958年3月10日，生产出第一辆跃进NJ130轻型载货汽车，如图3-6所示。跃进NJ130型汽车投产后成为当时我国轻型载货汽车的主力车型。

图3-5　红旗牌CA72高档轿车

图3-6　跃进NJ130轻型载货汽车

（2）上海汽车制造厂。20世纪五六十年代，我国迫切需要一种普及型的公务轿车。1958年9月，第一辆国产凤凰牌轿车诞生。1964年，凤凰牌轿车更名为上海SH760（图3-7），该车一直到20世纪80年代桑塔纳轿车投产才退出历史舞台。

（3）济南汽车制造厂。济南汽车制造厂的前身是始建于1935年的一家汽车配件厂。1959年，济南汽车制造厂参照捷克的斯柯达706RT型8t载货汽车设计出我国的重型载货汽车。1960年4月，试制成功了黄河JN150重型载货汽车，如图3-8所示。

图3-7　上海SH760轿车

图3-8　黄河JN150重型载货汽车

（4）北京汽车制造厂。中国与前苏联关系破裂后，我军指挥车失去了供应来源，军委指示尽快开发部队装备用车。1961年，国防科委批准北京汽车制造厂作为轻型越野汽车的生产基地。1962年，试制成功第一辆北京BJ210轻型越野汽车。1964～1965年，试制、鉴定定型为BJ212型轻型越野汽车，如图3-9所示。

图3-9　北京BJ212轻型越野汽车

20世纪60年代中期，全国汽车制造年产能力约为6万辆，有载货汽车、越野汽车和轿车共9个主导车型品种。

20世纪60年代后期，全国汽车生产企业有100多家，但几乎都是仿制国外车型。

② 自主建设阶段（1966~1978年）

根据毛泽东主席的“备战、备荒、为人民”和“三线建设要抓紧”的指示，先后建成了第二汽车制造厂（简称二汽）、四川汽车制造厂和陕西汽制造厂；开发矿用自卸汽车和重型汽车；地方积极建设汽车制造厂。

1）第二汽车制造厂的建立

1965年12月，第二汽车制造厂筹备处成立。1966年月10日，第二汽车制造厂筹备处在北京召开内地厂址平衡会议，确认第二汽车制造厂厂址位于湖北省十堰市。

1967年4月1日，第二汽车制造厂正式破土动工并举行开工典礼。第二汽车制造厂建设自筹备之初就确定了“聚宝”、“包建”的方针。第二汽车制造厂的建设，是在特定的历史条件和艰苦的自然环境中动工的。依靠全国人民的支持，各路建设大军在“为民族汽车工业打翻身仗”的宏伟目标指引下，脚踏荒野，风餐露宿，夜以继日，艰苦创业，加速建设。

1975年7月1日，第二汽车制造厂基本建成东风EQ240型2.5t越野汽车的生产基地投产。1978年7月，第二汽车制造厂东风EQ140型5t载货汽车（图3-10）生产基地基本建成，并开始投入批量生产。

2）川汽和陕汽的建立

1966年3月11日，四川汽车制造厂（简称川汽）举行开工典礼，厂址选定在四川大足。1966年6月四川汽车制造厂红岩牌CQ260型越野汽车在綦江齿轮厂试制成功，后改型为红岩CQ261型。1971年7月，四川汽车制造厂批量投产红岩牌CQ261型越野汽车，如图3-11所示。

图3-10　东风EQ140型5t载货汽车

图3-11　红岩牌CQ261型越野汽车

陕西汽车制造厂（简称陕汽）厂址选定在陕西省岐山县麦里西沟。1974年12月27日，陕西汽车制造厂生产的延安牌SX250型越野汽车鉴定定型。1978年3月14日，陕西汽车制造厂和陕西齿轮厂建成，正式投产延安牌SX250型越野汽车，如图3-12所示。

3）开发生产矿用自卸汽车和重型载货汽车

1969年以后，上海、一汽、本溪等地投入矿用自卸汽车试制、生产；安徽、南阳、丹东等地开始生产重型载货汽车。1969年7月，上海汽车制造厂的上海SH380型32t（图3-13）和SH361型15t矿用自卸车试制成功。1971年第一汽车制造厂试制成功60t矿用自卸汽车。

图3-12　延安牌SX250型越野汽车

图3-13　上海SH380型32t矿用自卸车

4）地方积极建设汽车制造厂

有了一汽、二汽的经验，全国各地开始积极发展汽车工业，呈现了遍地开花的景象。上海、四川、陕西、安徽等地相继建成整车制造厂和零部件厂，生产轻型载货汽车、轻型客车、改装车和专用汽车。

20世纪70年代末期，我国汽车年产量为22万辆，汽车制造厂为56家，汽车行业企业总数为2379家。

③ 全面发展阶段（1979年至今）

改革开放后，中国汽车工业进入调整、提高和快速发展阶段。党和政府提出要将汽车工业发展成为国民经济支柱产业；在产量不断提高的同时，加快进行产品结构调整；引进国外先进技术和资本；轿车工业迅猛发展，由此拉开了汽车进入家庭的序幕；生产集中度明显提高，汽车年产量高速增长。

1）发展汽车工业的政策陆续出台

1984年我国把汽车工业作为发展国民经济的支柱产业。1994年7月，国务院批准发布了《汽车工业产业政策》，这是汽车工业的一部政策性法规，也是我国工业行业第一部政策性法规，它阐明了政策目标和发展重点、产品认证和产业组织、产业技术等有关方面的规定。《中华人民共和国国民经济和社会发展第十个五年计划纲要》、《汽车工业“十五”规划》明确提出了“十五”期间我国汽车工业的发展目标。

2）产品结构调整加快

1987年我国针对汽车工业“缺重少轻、轿车几乎空白”的不利局面，又把轿车工业作为我国汽车工业发展的重点。从20世纪80年代中期开始，我国确定建立“三大”（上海、一汽、二汽）、“三小”（天津、北京、广州）轿车生产基地，并正式将轿车项目列为国家重点支持项目，中国汽车工业开始了战略转移。

3）中国汽车企业加速融入全球化大潮

1984年初，中美合资北京吉普汽车有限公司成立，开创了我国合资生产整车的先河。上海大众、一汽大众、神龙公司、上海通用等多家大型中外合资轿车企业迅速崛起，并成为中国轿车工业的主力军。

随着中国“入世”，联合重组的浪潮再次席卷了中国，中国汽车企业开始加速融入全球化大潮。众多的汽车企业开始寻求与世界汽车巨头的战略联合，新的合资企业也随之纷纷诞生。

4）汽车企业兼并、联合与资产重组的步伐加快

为力争到2010年使我国汽车工业成为国民经济的支柱产业，我国汽车企业兼并、联合与资产重组的步伐加快了，形成3个大型企业集团为龙头和13个重点企业集团（公司）为主力军的汽车工业新体制。“一汽”、“东风”、“上海”3个大型企业集团的总体规模和综合实力的增强，确立了我国汽车工业的龙头地位，其他还有13个重点大企业集团（公司）。中国汽车工业已经形成以大集团为主的规模化、集约化的产业新格局。

近20年，全国汽车产销量以每年15%的速度增长，是世界平均速度的10倍，已成为世界三大汽车生产国之一。2010年，我国汽车产销双双超过1800万辆，分别达到1826.47万辆和1806.19万辆，稳居全球产销第一，见表3-1。

我国2001～2010年度汽车产量及世界排名　　表3-1

年　份	2001	2002	2003	2004	2005	2006	2007	2008	2009	2010
产量（万辆）	234	325	444	507	570	728	888	935	1360	1826
世界排名	7	5	4	4	4	3	3	2	1	1

第二节　中国汽车公司与品牌

目前，中国有汽车整车生产厂家100家，分布在全国20多个省、市、自治区，归属于机械、交通、航空、兵器等 9 个部门和系统。

一　中国第一汽车集团公司与品牌

1 公司简介

中国第一汽车集团公司（简称一汽）总部位于吉林省长春市，前身是第一汽车制造厂，是新中国汽车工业的摇篮。

一汽已经成为国内最大的汽车企业集团之一，已形成了载货汽车、轿车、轻微型车、客车多品种、宽系列的产品格局。拥有解放、红旗、奔腾、夏利、威志等自主品牌。其中生产基地设在长春的子公司有一汽解放（载货汽车）、一汽轿车（红旗、马自

达轿车）、一汽大众（大众旗下各品牌轿车）公司等，并拥有东北、华北、西南三大基地，形成了立足东北、辐射全国、面向海外的开放式发展格局。

1956年7月15日第一批载货汽车下线，毛泽东主席给其命名为“解放”，还亲自书写了“解放”两字，如图3-14所示。“解放”有双重意义：一是中国人民的解放；二是中国汽车工业的解放。

一汽及生产的汽车商标（图3-15）是由阿拉伯数字“1”和汉字“汽”两个字艺术化的组合，构成一只展翅飞翔的雄鹰，商标既表示不断进取、展翅高飞的中国一汽精神，又表示中国汽车工业冲出国门、走向世界的决心。出口的一汽载货汽车在其前面标有“FAW”字样，意为第一汽车制造厂。

图3-14 毛泽东主席书写的解放车名

图3-15 一汽汽车商标

2 一汽解放汽车有限公司

一汽解放汽车有限公司（简称一汽解放）成立于2003年1月18日，是中国第一汽车集团公司以原第一汽车制造厂主体专业厂为基础重新组建的中、重型载货汽车制造企业，是一汽集团公司的全资子公司。

一汽解放具有年产销25万辆中、重型载货汽车的能力，其主导产品是解放品牌的中、重型系列载货汽车，该系列产品现在具有5~30吨级的普通载货汽车、自卸车、牵引车（图3-16）、半挂车、搅拌车、邮政车等500多个品种。解放汽车已经出口到非洲、中东、亚洲的20多个国家和地区，并在国外开始建立组装、营销及服务基地。

成立一汽解放是一汽的一项重要战略举措。“解放”品牌更是一汽乃至中国汽车工业完全拥有知识产权和产品开发能力的民族第一品牌。

图3-16 解放重型牵引车

3 一汽轿车股份有限公司

一汽轿车股份有限公司（简称一汽轿车），是中国第一汽车集团公司的控股子公司，是中国轿车制造业首家股份制上市公司。公司于1997年6月10日在长春高新技术开发区注册成立，同年6月18日在深圳证券交易所挂牌上市。

图3–17　HQ3型高档豪华轿车

一汽轿车年生产能力6万辆，主导产品为红旗系列轿车及其补充型新产品。一汽轿车目前的主要产品有红旗HQ3、奔腾、MAZDA6等系列轿车。

红旗是一汽的自主品牌、自有商标，诞生于1958年，原有“旗舰”、“世纪星”和“明仕”等系列产品。HQ3（图3–17）是公司采取开放式自主开发模式，于2006年推出的红旗品牌全新产品，是我国第一款自主品牌的高档豪华轿车。

奔腾轿车（图3–18）是一汽轿车于2006年推出的自主品牌新产品，也是国内第一款自主品牌中高档轿车。现已形成2.0L和2.3L两种排量、手动和手自动一体两种操纵方式的多品种系列产品。

马自达6是一汽轿车与日本马自达汽车公司开展技术合作引进的世界知名品牌，2003年在一汽轿车投产并投放中国市场，至今已形成马自达6四门三厢轿车（图3–19）、5HB轿跑车和WAGON高性能多功能轿车等系列化产品。

图3–18　奔腾轿车

图3–19　马自达6轿车

4 一汽—大众股份有限公司

一汽—大众汽车有限公司位于长春市，成立于1991年，是中国第一汽车集团公司和德国大众汽车股份公司及奥迪汽车股份公司合资经营的大型轿车生产企业，是我国第一个按经济规模起步的现代轿车工业基地，其主要产品有捷达、奥迪、宝来、高尔夫、开迪、速腾（图3–20）等车型。

二 东风汽车集团公司与品牌

1 公司简介

东风汽车集团公司总部位于湖北省武汉市，其前身是1969年始建于湖北十堰的“第二汽车制造厂”，经过多年的建设，已陆续建成了十堰（主要以中、重型商用车以及零部件、汽车装备事业为主）、襄阳（以轻型商用车、乘用车为主）、武汉（以乘用车为主）、广州（以乘用车为主）四大基地，除此之外，还在上海、广西柳州、新疆乌鲁木齐等地设有分支企业。

图3-20　速腾轿车

2003年9月，东风汽车集团公司的总部由十堰搬迁至武汉。2010年公司销售汽车261.5万辆，

东风汽车公司及其商标（图3-21），以艺术变形手法，取燕子凌空飞翔时的剪形尾翼作为图案基础，含义是双燕舞东风。东风汽车公司原名为第二汽车制造厂。二汽的“二”字寓意于双燕之中，戏跃翻飞的春燕，外圆代表车轮，象征着东风牌汽车车轮不停地旋转。东风品牌承载着我国载货汽车的发展历史。

图3-21　东风汽车商标

2 神龙汽车有限公司

神龙汽车有限公司是中国东风汽车公司与法国PSA标致雪铁龙集团等股东合资兴建的轿车生产经营企业，总部位于湖北省武汉市，成立于1992年5月。

神龙汽车有限公司的雪铁龙系列车型有富康、毕加索、赛纳、爱丽舍、C2等，标致系列车型有标致307（图3-22）、标致206等。

3 东风日产

东风日产创立于2003年6月9日，是中国东风汽车公司与日本日产汽车公司的合资企业。东风日产乘用车公司拥有广州花都和湖北襄阳两个生产基地，其产品覆盖小型车（图3-23）、中型车、大型车、MPV、SUV等领域。

图3-22 标致307汽车

图3-23 东风日产骊威汽车

4 东风悦达起亚汽车有限公司

东风悦达起亚汽车有限公司是由东风汽车公司、江苏悦达投资股份有限公司、韩国起亚自动车株式会社按25%、25%、50%的股权结构共同组建的中外合资轿车制造企业，主要产品有千里马、赛拉图、起亚远舰、福瑞迪、狮跑、智跑（图3-24）、K2/K5等车型。

5 东风本田汽车有限公司

2003年7月，东风汽车公司与日本本田技研工业株式会社通过改组、改造原武汉万通汽车有限公司组建东风本田汽车有限公司，其本田产品主要有本田CRV（图3-25）、思域等车型。

图3-24 东风悦达起亚智跑汽车

图3-25 东风本田CRV汽车

6 东风汽车有限公司商用车部

东风汽车有限公司商用车部，作为东风汽车公司和日产汽车公司的合资企业——东风汽车有限公司的分支机构，是由东风汽车公司载货汽车公司的主要部分和东风柳州汽车公司、东风新疆汽车公司、东风杭州汽车公司、东风日产柴汽车公司、东风创普专用汽车厂、东风惠州汽车公司、深圳东风汽车公司、湖北神力锻造有限公司、湖南东风汽车销售服务联合公司等重组而成，现有20个生产经营性单位，产品覆盖载货汽车、客车、底盘、专用车、越野汽车、发动机、驾驶室及关键零部件，是我国规模最大的载货汽车工业基地之一。主要车型有东风越野载货汽车、东风中型和重型载货汽车、东风轻型载货汽车（图3-26）、东风客车等。

东风柳汽，这个位于广西柳州的汽车制造企业，现在已经成为东风集团在南方最大的商用车生产和研发基地。在乘用车领域，柳汽也后来居上，早在2001年，它的第一款乘用车——风行MPV就正式投放市场，这款引进三菱Space Gear（L 400）技术的MPV在柳汽落地生根，几年来，技术部门在对该车型全面国产化的基础上进行了二次开发，目前，旗下已经形成菱智、菱越、菱通3个系列，柳汽在MPV市场已经打开了局面。

景逸（图3-27）是东风风行汽车在国际化汽车研发平台上，集成德国、意大利、日本的先进汽车技术，研发出来的一款多功能用途5座乘用车，是东风集团的第一款自主品牌轿车。景逸的车身设计来自德国著名的汽车设计公司——爱达克（EDAG）公司，驾驶舱模块由全球领先的汽车装置供应商西门子VDO全权负责，景逸的发动机则采用三菱4G93机型。

图3-26　东风轻型载货汽车

图3-27　风行景逸汽车

三 上海汽车集团股份有限公司与品牌

1 公司简介

上海汽车集团股份有限公司的前身是上海汽车股份有限公司，公司简称“上海汽车”。2006年经过重组，上海汽车成为目前国内A股市场最大的整车上市公司，公司目前控股股东为上海汽车工业（集团）总公司。

公司下属主要企业有乘用车分公司、南京名爵（MG），上海大众、上海通用、上海申沃，上汽通用五菱等整车企业。

2 上海大众汽车有限公司

上海大众汽车有限公司（简称上海大众）是中德合资的轿车生产企业，成立于1985年3月。中德双方在公司的投资比例各占50%，合同期限为25年。2002年4月12日，中德投资双方修订和延长了上海大众合营合同签订协议，合营期延长至2030年。2007年，上海大众又引入大众旗下的捷克著名品牌——斯柯达，如图3-28所示。

上海大众是中国目前生产规模最大、市场保有量最多的现代化轿车生产基地，年产量超过45万辆，主要车型包括桑塔纳、帕萨特、朗逸、途观、途安、波罗、晶锐、明锐、昊锐等。

上海大众最具代表性的车型是桑塔纳，如图3-29所示。桑塔纳并不是一个自主品牌，但却是我国轿车工业发展的一个时代缩影。从最初成立时年产1700辆到年产30万辆，从最初3万辆生产纲领到现在40万辆的生产规模，从最初的单一品种到现在四大平台（桑塔纳、帕萨特、波罗、高尔）几十个系列、上百个车型。桑塔纳已经成了中国轿车第一大品牌，保有量超过200万辆，服务维修网络遍布天涯海角。

图3-28　斯柯达汽车商标

图3-29　桑塔纳轿车

③ 上海通用汽车公司

上海通用汽车有限公司成立于1997年6月，由上海汽车工业（集团）总公司、通用汽车公司各出资50%组建而成。

上海通用汽车公司的所属品牌有别克、雪佛兰、凯迪拉克等，上海通用汽车公司生产的系列产品包括别克系列、赛欧系列、君威系列、凯越系列等几十个车型，既有家用型轿车又有中、高档商务用车。目前，公司年总产能力可达60万辆整车、10万台自动变速器和57.5万台发动机。

图3-30　上海通用汽车公司标志

上海通用汽车公司标志（图3-30）是上海的第一个拼音S从椭圆形中穿过，在S的中部为通用汽车公司的标志，表示上海通用汽车公司由上海汽车工业总公司与美国通用汽车公司双方的合作。

④ 上汽荣威品牌

2006年，上海汽车的第一个国际化品牌——荣威（ROEWE）诞生。荣威（图3-31）品牌命名中西融汇，开放而不失于内敛，雍容而不失于自信，充分阐释了上海汽车以自主掌控、自主创新的信念，传承世界先进技术，全新塑造中国的国际品牌之决心与信心。

图3-31　荣威汽车商标

四 北京汽车集团有限公司与品牌

1 公司简介

北京汽车集团有限公司（简称“北汽集团”）的商标如图3–32所示，其前身为1958年成立的“北京汽车制造厂”。先后自主研制和生产了北京牌BJ210及BJ212等系列越野车、北京牌勇士系列军用越野车、北京牌BJ130和BJ122系列轻型载货汽车，以及欧曼重型货车、欧V大客车等著名品牌产品，合资生产了“北京Jeep”切诺基、现代品牌、奔驰品牌产品。旗下子公司主要有北京现代、北京戴克—奔驰、北京吉普、北汽福田等公司。

2 北京吉普汽车有限公司

1984年1月15日，北汽集团开整车合资企业之先河，挂牌成立了中国第一家整车合资企业——北京吉普汽车有限公司，主要生产美国克莱斯勒旗下的“Jeep”牌越野汽车，这无疑成为了中国汽车工业发展史中一个重要的里程碑。

2007年“八一”之际，北汽集团自主研发和自主创新、具有完全知识产权的“勇士”正式列装部队，成为中国第二代轻型越野指挥军车，如图3–33所示。

图3–32 北汽集团的商标

图3–33 勇士轻型越野指挥军车

3 北汽福田汽车股份有限公司

1996年8月，北汽集团发起百家法人造福田，成立了“北汽福田汽车股份有限公司”，“北汽福田”作为北汽品牌体系的重要支撑之一，自主研发并投入市场的欧曼重型货车（图3–34）、欧V大客车、欧马可轻型货车、迷迪多功能车、新能源客车等具有高端技术的新品，涉及了中国自主创新商用车的全部领域。在福田成立14年后，北汽福田全年累计销售汽车60万辆，以其14年的创新史，在产销量上连超欧州、美国和日本，首次位居全球商用车销量第一位。

图3–34 欧曼重型货车

4 北京现代汽车有限公司

图3-35 第八代索纳塔汽车

2002年10月18日，中国加入WTO之后，汽车工业的第一家中外合资企业——“北京现代汽车有限公司”开业。同年12月23日，第一辆北京现代索纳塔轿车下线。公司主要生产韩国现代汽车公司的索纳塔（图3-35）、伊兰特、雅绅特等车型。

5 北京戴克—奔驰汽车有限公司

2003年9月8日，北京汽车集团有限公司与戴姆勒·克莱斯勒公司战略合作框架协议签字仪式在北京饭店隆重举行，世界级豪华品牌徘徊多年，最终花落北京。2005年12月22日，国产梅赛德斯—奔驰E级（图3-36）轿车首款新车上市。

2009年11月14日，北京汽车新能源汽车有限公司正式挂牌成立。同年，北汽自主研发的“北京牌”纯电动轿车（图3-37）就已问世，为开创中国汽车工业的绿色未来奠定了坚实的基础。这不仅是北汽集团品牌的创新，更是中国汽车自主创新领域中又一次历史性的事件。

图3-36 奔驰E级轿车

图3-37 “北京牌”纯电动轿车

五 广州汽车集团股份有限公司与品牌

1 公司简介

广州汽车集团股份有限公司（简称广汽集团）创立于2005年6月，广汽集团的标志如图3-38所示。广汽集团由广州汽车集团有限公司整体变更成立，是由广州汽车工业集团有限公司、万向集团公司、中国机械工业集团公司、广州钢铁企业集团有限公司、广州市长隆酒店有限公司作为共同发起人，以发起方式设立的大型国有控股股份制企业集团。目前集团旗下拥有广汽乘用车、广汽本田、广汽丰田、本田（中国）、广汽客车、广汽日野、广汽部件、广汽丰田发动机等数十家知名企业。

图3-38 广汽集团标志

2 广州汽车集团乘用车有限公司

广州汽车集团乘用车有限公司（简称广汽乘用车）整合全球优势资源，起点立足于中、高档轿车品种，在吸收消化本田、丰田的先进技术和管理经验的基础上，将精益生产的理念融入企业管理中，将多年合资生产轿车产品的经验运用到自主品牌产品（图3-39）生产上，促进民族轿车工业的长足进步。

图3-39 广汽传祺轿车

3 广汽本田汽车有限公司

广汽本田汽车有限公司（简称广汽本田）于1998年7月1日成立，它是由广州汽车集团公司与日本本田技研工业株式会社共同出资组建的合资公司，双方各占50%股份，合作年限为30年。广汽本田目前生产的主要产品有雅阁系列轿车、奥德赛多功能系列轿车、飞度系列轿车（图3-40）和思迪系列轿车共四大系列22种车型。

图3-40 本田飞度轿车

4 广汽丰田汽车有限公司

广汽丰田汽车有限公司（简称广汽丰田）成立于2004年9月，由广汽集团与日本丰田汽车公司各出资50%组建，合作期限为30年。

公司投产的首款轿车凯美瑞（Camry）轿车是产销量最大的中、高档轿车之一，全球累计销售量已超过1000万辆。全新的第六代丰田凯美瑞轿车如图3-41所示。

图3-41　广汽丰田凯美瑞轿车

六 中国长安汽车集团股份有限公司与品牌

中国长安汽车集团股份有限公司（简称中国长安）成立于2005年12月，是中国兵器装备集团公司和中国航空工业集团公司强强联手，对旗下汽车产业进行战略重组成立的一家特大型企业集团，总部设在北京。

在整车领域，中国长安汽车集团拥有长安、哈飞、昌河、东安四大自主品牌。

中国长安始终坚持“自主创新”与“合资合作”并举，先后携手福特、铃木（长安铃木、昌河铃木）、马自达、沃尔沃、法国标致雪铁龙集团（PSA）等跨国企业建立了战略合作伙伴关系。旗下生产的蒙迪欧—致胜、福克斯、嘉年华、麦柯斯、马自达3、马自达2、沃尔沃S80L、沃尔沃S40、羚羊、天语、雨燕、新奥拓、北斗星、浪迪、利亚纳等多款车型，深受广大用户喜爱。长安汽车先后推出了长安之星2代、长安之星S460、长安星光4500、长安奔奔、长安杰勋、长安志翔、长安悦翔、长安CX30等多款自主车型。

重庆长安汽车股份有限公司（简称长安汽车或重庆长安），为中国长安汽车集团股份有限公司旗下的核心整车企业。20世纪70年代末至80年代初，公司积极响应国家军转民的号召，正式进入汽车产业领域，逐步发展壮大。1984年，中国第一辆微型车在长安汽车下线。1996年从原母公司独立，成立了重庆长安汽车股份有限公司。

长安乘用车商标（图3-42）由象征长安军工厂“出身”的矛与盾组成，但在圆润线条修饰和古典与现代色彩渲染下，其整体风格却散发出浓郁的欧陆色彩，同时透露出长安轿车立足国内、放眼世界的“野心”。

图3-42　长安乘用车商标

七 上汽通用五菱汽车股份有限公司与品牌

1 公司简介

2002年11月18日正式挂牌成立的上汽通用五菱汽车股份有限公司（图3-43），是由上海汽车集团股份有限公司、通用汽车（中国）公司、柳州五菱汽车有限责任公司三方共同组建的大型中外合资汽车公司。

图3-43 上汽通用五菱汽车股份有限公司厂区

上汽通用五菱汽车股份有限公司拥有柳州、青岛两大生产基地，全面实施通用汽车公司的全球制造管理体系，合资几年来，公司的规模不断扩大，产销量持续增长，已经发展成为一家国际化和现代化的微型、小型汽车制造企业。

自2006年起，上汽通用五菱汽车股份有限公司已连续5年成为国内微型车销量冠军。2009年又成为国内第一家年产销双超100万辆的单一车企业；2010年销售突破123万辆，全年销量再创历史新高。

上汽通用五菱汽车股份有限公司目前拥有国内规模最大的经销商营销网络，销售、服务网点总数超过3000个，几乎覆盖所有的地级以上城市和超过40%的县级城市。

图3-44 五菱汽车商标

2 企业标志含义

上汽通用五菱汽车股份有限公司的主标志（图3-44）由五个鲜红的菱形组成，形似鹍鹏展翅，雄鹰翱翔。有上升、腾举之势，象征着五菱的事业不断发展。

3 品牌产品

1）五菱之光

2002年11月18日，第一辆“五菱之光”下线。“五菱之光”是依托上汽集团、通用汽车的先进管理水平并结合五菱17年丰富的微型车制造经验，自主设计开发的微型商用车，是中国微型车历史上市场成长最快、国内销量最大的单一平台车型。2010年1月，“新五菱之光”（图3-45）于中国济南隆重上市，续写着五菱之光的销量辉煌。

2）五菱扬光

2004年9月，“五菱扬光”（图3-46）上市，填补了上汽通用五菱汽车股份有限公司高档微型客车的空白。

图3-45　新五菱之光汽车

图3-46　五菱扬光汽车

3）五菱鸿途

2007年3月1日，“五菱鸿途”（图3-47）正式上市。“五菱鸿途”是上汽通用五菱推出的拥有知识产权的新时代微型客车，创新添加的轿车设计元素，满足多种商用和乘用的需求。

4）五菱荣光

2008年6月13日，由上汽通用五菱青岛分公司生产的“五菱荣光”（图3-48）在青岛上市。自主开发的全新大微型客车“五菱荣光”，是国内销量增速最快的车型，成为微型客车未来发展的代表性产品。

图3-47　五菱鸿途汽车

图3-48　五菱荣光汽车

5）五菱宏光

2010年11月20日，紧凑型商务车“五菱宏光”（图3-49）成功上市，开创了新的销售市场，并荣获央视2010年度经济型乘用车奖项。

6）乐驰

2003年11月8日，国际品牌雪佛兰spark乐驰下线。乘用车“乐驰”是上汽通用五菱汽车股份有限公司投产的第一款高性能微型轿车，曾多次获国际权威机构J.D.Power紧凑车型新车质量调查最佳得分，在2009年CCTV中国年度汽车评选中，“新乐驰”（图3-50）获得“最受青年喜爱车型”奖项。

图3-49　五菱宏光汽车

图3-50　新乐驰汽车

7）宝骏

2010年11月22日，中国合资企业自主品牌第一款中档轿车、广西第一辆中档轿车、上汽通用五菱第一款中档轿车“宝骏630”（图3-51）于上汽通用五菱柳州基地西部工厂顺利下线，标志着上汽通用五菱已经全面进入乘用车市场，至此，上汽通用五菱正式迈入了商用车和乘用车并举的新时代。

图3-51　宝骏630汽车

八 中国其他汽车公司与品牌

1 奇瑞汽车公司

中国奇瑞汽车股份有限公司于1997年1月8日注册成立，总部位于安徽省芜湖市。1999年12月18日，第一辆奇瑞轿车下线。

奇瑞是成长最快的中国自主开发企业，2003年，奇瑞一口气推出三款新车型，即奇瑞QQ、东方之子和旗云。2004年，中国“十大畅销车型”中表现最突出的是奇瑞QQ，奇瑞QQ也成为微型轿车的代名词。

奇瑞公司旗下现有奇瑞、瑞麒、威麟和开瑞四个子品牌（图3-52），产品覆盖乘用车、商用车、微型车领域。2009年实现整车销售达50万辆，连续9年蝉联中国自主品牌销量冠军，连续7年成为中国最大的乘用车出口企业。

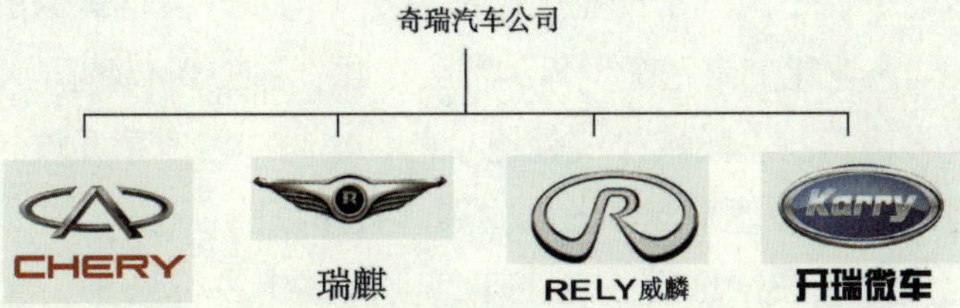

图3-52 奇瑞汽车子品牌

奇瑞标志的主体是英文字母CAC（CHERY AUTOMOBILE CORPORATION LIMITED，中文意思是奇瑞汽车股份有限公司）一种艺术化变形；标志中间A为一变体的“人”字，预示着公司以人为本的经营理念；徽标两边的C字向上环绕，如同人的两个臂膀，象征着一种团结和力量，环绕成地球形的椭圆状；中间的A在椭圆上方的断开处向上延伸，寓意奇瑞公司发展无穷，潜力无限，追求无限。

2 吉利汽车公司

浙江吉利控股集团有限公司是一家以汽车及汽车零部件生产经营为主要产业的大型民营企业集团，始建于1986年，公司总部设在浙江省杭州市，在临海、宁波、台州、上海建有四个专门从事汽车整车和汽车零部件生产的制造基地。

吉利现有的四大子品牌（图3-53）分别是华普、英伦、帝豪和全球鹰。2010年8月2日，吉利控股集团以18亿美元的价格收购沃尔沃轿车公司。

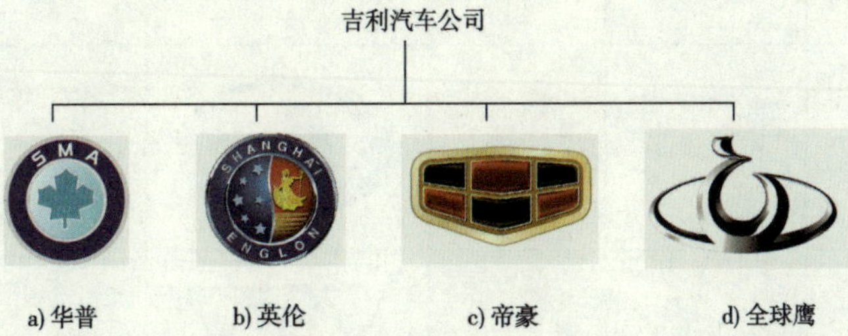

图3-53 吉利汽车子品牌

3 比亚迪汽车公司

比亚迪股份公司（以下简称比亚迪）创立于1995年，是中国一家高新技术的民营企业，总部位于深圳坪山。

比亚迪在广东、北京、上海、长沙、宁波和西安等地区建有九大生产基地，并在美国、欧洲、日本、韩国、印度、中国台湾、中国香港等地设有分公司或办事处。

比亚迪汽车遵循自主研发、自主生产和自主品牌的发展路线，短短几年时间内，比亚迪汽车的产品线由原来单一的“福莱尔”微型轿车，迅速扩充为包括a级燃油车、c级燃油轿车、锂离子电动汽车、混合动力汽车在内的全线产品。

在几十年的追赶中，中国汽车产业已逐渐缩小了与汽车发达国家的差距，并最终在新能源汽车的研发与产业化上走在了世界的前列。比亚迪F3DM双模电动车的上市，是中国力量第一次在世界汽车技术领域扮演领跑角色，也是中国改革开放30多年伟大成果的最好见证。比亚迪DM双模技术对汽车业的发展具有颠覆性意义。以中国目前的市场优势和政策鼓励，比亚迪无疑在全球新一轮汽车产业调整中占得先机，比亚迪已占据全球新能源汽车争夺战的制高点。继F3DM双模电动车上市后，比亚迪还将计划推出纯电动汽车。

比亚迪在2007年已由蓝天白云的老商标换成了只用三个字母和一个椭圆组成的新商标（图3-54），BYD的意思是“BUILD YOUR DREAM”，即为成就你的梦想。

a) 旧商标　　b) 新商标

图3-54　比亚迪商标

除了上述介绍的这些中国汽车品牌外，我国还拥有大大小小自主汽车品牌几十余个，现在简单介绍一些品牌，见表3-2。

我国一些自主汽车品牌　　表3-2

商　标	品牌名称	产　地	商　标	品牌名称	产　地
	长城汽车	河北		哈飞汽车	哈尔滨
	中华汽车	沈阳		昌河汽车	江西
	金杯汽车	沈阳		福田汽车	北京
JAC	江淮汽车	合肥		海马汽车	海南
	众泰汽车	浙江	SOUEAST	东南汽车	福建

续上表

商　标	品牌名称	产　地	商　标	品牌名称	产　地
	中兴汽车	河北		吉奥汽车	浙江
	曙光汽车	丹东		金龙汽车	厦门
	双环汽车	河北		宇通汽车	郑州
	力帆汽车	重庆	JMC	江铃汽车	江西
	陆风汽车	江西		天马汽车	河北

第四章 汽车概论

第一节 汽车的定义和分类

一 汽车的定义

汽车是指由自身装备的动力装置驱动，一般具有四个或四个以上车轮，不依靠轨道或架线而在陆地行驶的车辆。汽车通常被用作载运乘客、货物和牵引挂车，也有为完成特定运输任务或作业任务而将其改装成为专用车辆，但不包括专供农业使用的机械。

二 汽车的分类

汽车的分类方法有许多种，我们选择以下两种较常用的分类方法进行介绍。

1 根据汽车的动力装置分类

根据汽车的动力装置，汽车分为汽油发动机汽车、柴油发动机汽车、混合动力汽车和纯电动汽车等，如图4–1所示。

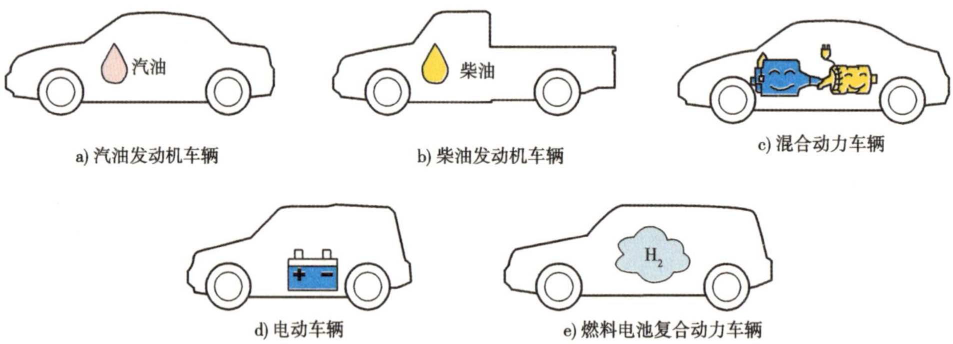

图4–1 按照动力装置分类

② 根据汽车的用途分类

2002年3月1日我国正式实施新国家标准《汽车和挂车类型的术语和定义》（GB/T 3730.1—2001），将汽车按用途分为乘用车和商用车。

乘用车是指在其设计和技术特性上主要用于载运乘客及其随身行李和/或临时物品的汽车，包括驾驶人座位在内最多不超过9个座位。它也可以牵引一辆挂车。

商用车是指在设计和技术特性上用于运送人员和货物的汽车，并且可以牵引挂车（乘用车不包括在内）。

第二节 汽车的编号和车辆识别代码（VIN）

一 汽车的编号

按照国家标准《汽车产品型号编制规则》（GB 9417—1988）中的规定，国产汽车型号应能表明其厂牌、类型和主要特征参数等。该型号由拼音字母和阿拉伯数字组成，包括首部、中部和尾部三部分，如图4-2所示。

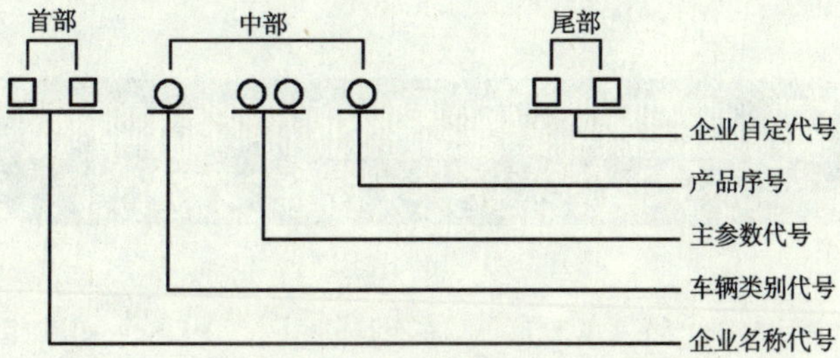

图4-2 国产汽车型号编制规则

（1）首部由2个或3个拼音字母组成，是企业代号。如CA代表第一汽车制造厂、EQ代表第二汽车制造厂、SH代表上海汽车制造厂等。

（2）中部由4位阿拉伯数字组成。左起首位数字表示汽车类型；中间两位数字是汽车的主要特征参数；末位数字为产品的生产序号，见表4-1。

（3）尾部分为两部分。前部分由汉语拼音字母组成，表示专用汽车分类代号，例如：X代表厢式汽车；G代表罐式汽车；C代表仓栅式汽车等。后部分为企业自定代号，当同一种汽车结构略有变化需加以区别时，可以用汉语拼音字母或数字表示，位数由企业自定。基本型汽车一般没有尾部代号。

BJ2020S车型说明：BJ代表北京汽车制造厂，2代表越野汽车，02代表该车总质量为2t，0代表该车为第一代产品，S为厂家自定义。

汽车型号中部4位阿拉伯数字代号的含义　　表4-1

车辆类别代号（首位）		主参数代号（中间两位）	产品序号（末位）
载货汽车	1	表示汽车总质量的数值（t）。当汽车总质量小于10t时，前面以0占位	以0、1、2、3……依次排列
越野汽车	2		
自卸汽车	3		
牵引汽车	4		
专用汽车	5		
客车	6	表示汽车总长度的数值（m）	
轿车	7	表示汽车发动机排量的10倍数值（L）	
	8		
半挂车	9	表示汽车总质量的数值（t）。当汽车总质量小于10t时，前面以0占位	

二 车辆识别代码（VIN）

1 车辆VIN的编码规则

车辆识别代码VIN，又称17位编码（图4-3），是国际上通行的标识机动车辆的代码，是制造厂给每一辆车指定的一组字码，一车一码，保证在30年内不会重复，具有在世界范围内对一辆车的唯一识别性。

LSVTG23B1XC000208

图4-3　车辆识别代码

VIN由世界制造厂识别代码（WMI）、车辆描述码（VDS）和车辆指示码（VIS）三部分组成。

（1）世界制造厂识别代码（WMI）。通常占车辆识别代号（VIN）的前3位。世界制造厂识别代码用来标识车辆制造厂的唯一性，这部分必须经过申请、批准和备案后方能使用。

第1位字符是表示地理区域、生产国家代码，见表4-2。

部分国家代码　　表4-2

国家	美国	日本	德国	中国	韩国	意大利	英国	瑞典	巴西	法国
代码	1	J	W	L	K	Z	S	Y	9	V

第2位字符是汽车制造商代码。

第3位字符是汽车类型代码（不同的厂商有不同的解释）。

第1、第2位字符的组合将能保证国家识别标志的唯一性。3位字符的组合能保证制造厂识别标志的唯一性。国内常见汽车制造厂家的WMI编号：

LSV——上海大众；LFV——一汽大众；LDC——神龙富康；LEN——北京吉普；LHG——广州本田；LHB——北汽福田；LKD——哈飞汽车；LS5——长安汽车；LSG——上海通用。

（2）车辆描述码（VDS）。用于说明车辆的一般特性，由车辆识别代码（VIN）的第4～9位共6位字符组成。如果制造厂不用其中的一位或几位字符，应在该位置填入选定的字符占位。

轿车：种类、系列、车身类型、发动机类型及约束系统类型。

MPV：种类、系列、车身类型、发动机类型及车辆额定总质量。

载货车：型号或种类、系列、底盘、驾驶室类型、发动机类型、制动系统及车辆额定总质量。

客车：型号或种类、系列、车身类型、发动机类型及制动系统。

（3）车辆指示码（VIS）。这部分由8位字符组成，其最后4位字符应是数字。车辆指示码第1位字符一般指示车车辆生产年份，用阿拉伯数字1～9和大写的英文字母A～Z（不包括字母I、O、Q、U、Z）表示。2008年代码为8，2009年代码为9，2010年代码为A，2011年代码为B……以此类推。第2位字符可以用来指示装配厂，若无装配厂，制造厂可规定其他内容。

上海通用五菱汽车股份有限公司2008五菱荣光系列客车VIN号说明，见表4-3。

2008五菱荣光系列客车车辆识别代码（VIN）系统 表4-3

位 置	定 义	字 符	说 明
1~3	世界制造厂识别代码	LZW	上海通用五菱汽车股份有限公司
4	车辆类型	A	乘用车
5	车身类型	C	单厢式车身
6	车辆最大总质量	A	1.0≤G≤2.5（t）
7	发动机燃油类型	G	汽油
8	发动机排量	A	0.5≤D≤1.5（L）
9	检查数字	—	检查数字
10	车型年	7	2008
11	装配厂	1	上汽通用五菱汽车股份有限公司东部总装车间A线
		2	上汽通用五菱汽车股份有限公司东部总装车间B线
		3	上汽通用五菱汽车股份有限公司西部总装车间A线
		4	上汽通用五菱汽车股份有限公司西部总装车间B线
		5	上汽通用五菱汽车股份有限公司青岛总装车间
		6	上汽通用五菱汽车股份有限公司青岛总装车间A线
		7	上汽通用五菱汽车股份有限公司青岛总装车间B线
		8	上汽通用五菱汽车股份有限公司西部总装车间C线
12-17	生产厂序号	—	—

我国于1997年8月1日颁布了国家标准《道路车辆识别代号（VIN）内容与构成》，（GB/T 16736—1997）此标准于1999年1月1日起正式成为我国汽车生产的强制性标准，每一辆出厂的汽车上必须标有VIN代号。

2 车辆VIN的位置

VIN应位于易于看到并且能防止磨损或替换的部位。常见的部位有仪表板与前风窗玻璃左下角的交界处（图4-4）、发动机前横梁上、左前门边或立柱上和驾驶人左腿前方等。

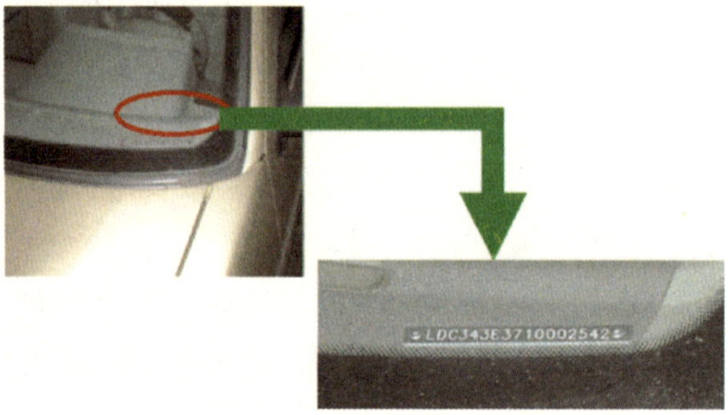

图4-4 汽车VIN的常见位置

第三节 汽车的总体构造

汽车是由数百个总成、上万个零部件组装而成。不同的车型结构千差万别，但基本上都是由发动机、底盘、车身及其附件和电气设备四部分组成，如图4-5所示。

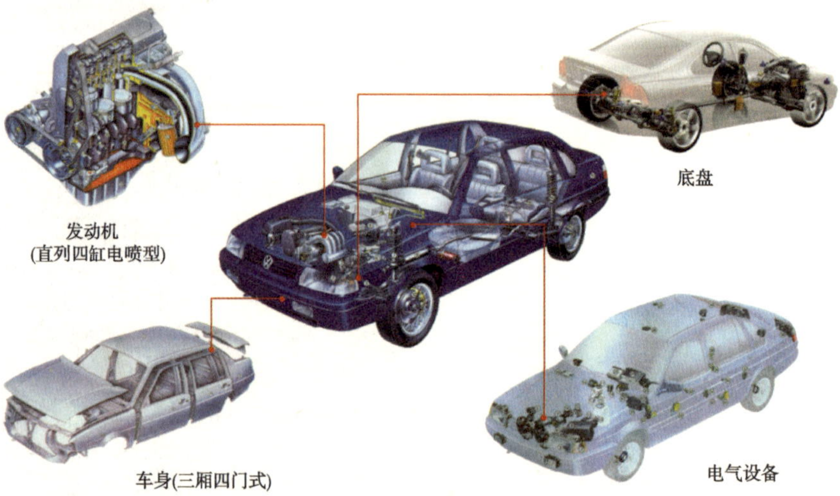

图4-5 汽车的总体构造

一 发动机

发动机是汽车的动力源，其作用是使燃料燃烧，将热能转变成机械能，驱动汽车行驶，并驱动其他机电设备。目前国内外汽车绝大多数采用往复活塞式内燃机作为动力装置，如图4–6所示。

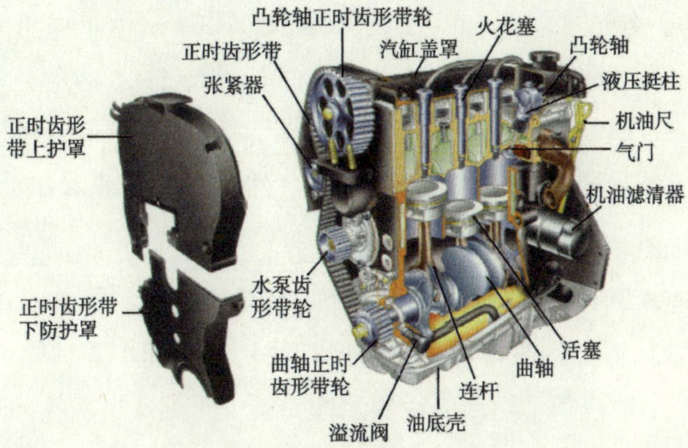

图4–6　往复活塞式内燃机立体结构图

1 发动机的工作原理

四冲程发动机的工作循环包括4个活塞行程（图4–7），即进气行程、压缩行程、作功行程和排气行程。

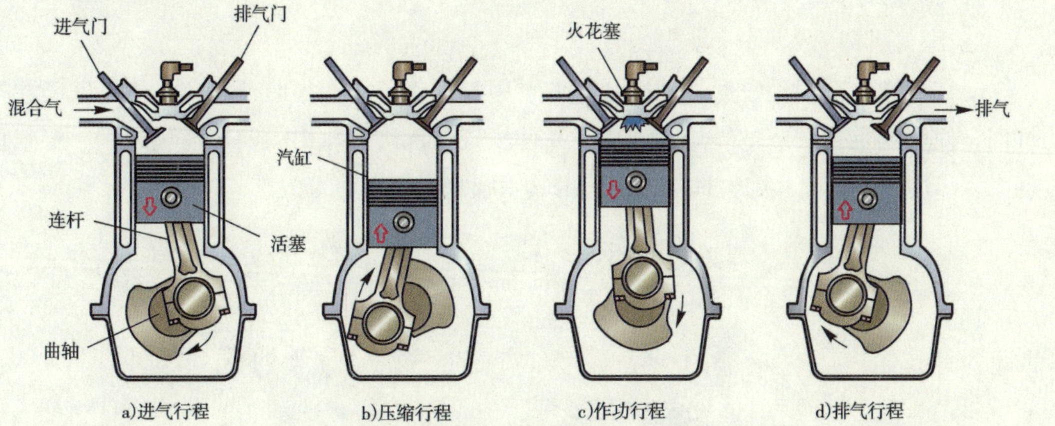

图4–7　四冲程发动机的工作循环

（1）进气行程。活塞在曲轴的带动下由上止点移至下止点，此时进气门开启，排气门关闭，曲轴转动180°。汽油机将空气与燃料先在汽缸外部进行混合，形成可燃混合气，然后再吸入汽缸。

（2）压缩行程。为使吸入汽缸的可燃混合气能迅速燃烧，以产生较大的压力，从而使发动机发出较大功率，必须在燃烧前将可燃混合气压缩，使其容积缩小、密度加大、温度升高，即需要有压缩过程。在这个过程中，进、排气门全部关闭，曲轴推动活塞由下止点向上止点移动。

（3）作功行程。在这个过程中，进、排气门仍旧关闭。当活塞接近上止点时，装在汽缸盖上的火花塞发出电火花，点燃被压缩的可燃混合气，可燃混合气燃烧后，放出大量的热能，推动活塞从上止点向下止点运动，通过连杆使曲轴旋转并输出机械能。

（4）排气行程。排气门开启，进气门仍然关闭，活塞从下止点向上止点运动，可燃混合气燃烧后生成的废气从汽缸中排除，以便进行下一个进气行程。

综上所述，四冲程汽油发动机经过进气、压缩、作功和排气4个行程，完成一个工作循环。这期间活塞在上下止点之间往复移动了4个行程，相应地曲轴旋转了两周。

2 发动机的总体构造

汽车发动机属于内燃机，是一部由许多机构和系统组成的复杂机器，其结构形式也多种多样，但是由于基本工作原理相同，所以其结构也大同小异，汽油机通常由两大机构和五大系统组成，柴油机通常由两大机构和四大系统（无点火系统）组成。

1）曲柄连杆机构

曲柄连杆机构由机体组、活塞连杆组、曲轴飞轮组等组成，如图4-8所示。在作功行程中，活塞承受燃气压力在汽缸内做直线运动，通过连杆转换成曲轴的旋转运动，并从曲轴对外输出动力，而在进气、压缩和排气行程中，飞轮释放能量又把曲轴的旋转运动转换成活塞的直线运动。

2）配气机构

配气机构的功用是根据发动机的工作顺序和工作过程，定时开启和关闭进气门和排气门，使可燃混合气或空气进入汽缸，并使废气从汽缸内排出，实现换气过程。配气机构大多采用顶置气门式配气机构，一般由气门组和气门传动组组成，如图4-9所示。

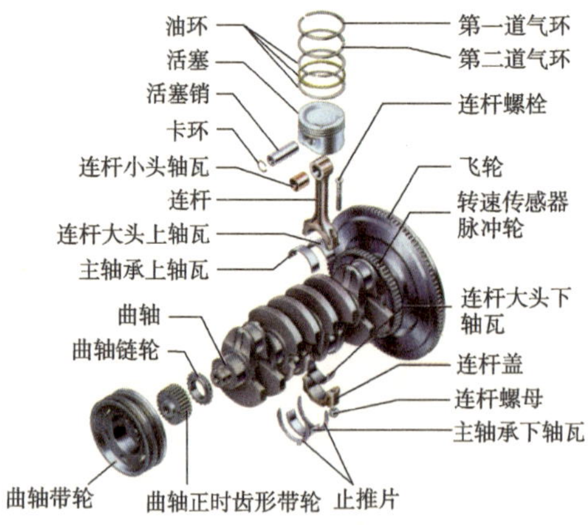

图4-8　曲柄连杆机构

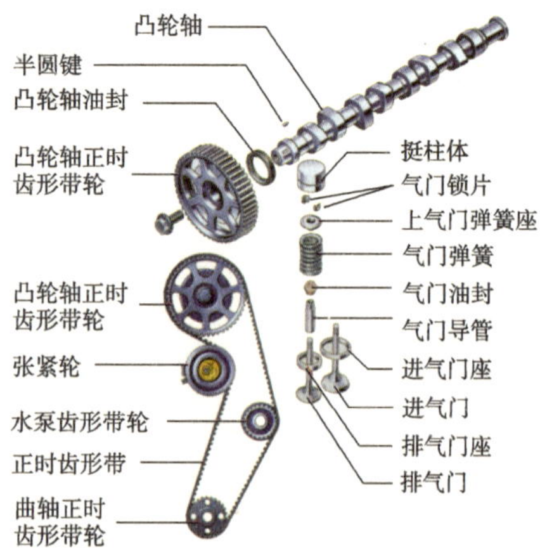

图4-9　配气机构

3）燃料供给系统

汽油机燃料供给系统的功用是根据发动机的要求，配制出一定数量和质量分数的混合气，供入汽缸，并将燃烧后的废气从汽缸内排出到大气中去。柴油机燃料供给系统的功用是把柴油和空气分别供入汽缸，在燃烧室内形成混合气并燃烧，最后将燃烧后的废气排出。燃料供给系统通常由空气供给装置、燃油供给装置、可燃混合气形成装置及废气排出装置组成，如图4-10所示。

4）点火系统

在汽油机中，汽缸内的可燃混合气是靠电火花点燃的，为此在汽油机的汽缸盖上装有火花塞，火花塞头部伸入燃烧室内。能够按时在火花塞电极间产生电火花的全部设备称为点火系统。传统的点火系统通常由蓄电池、发电机、分电器、点火线圈和火花塞等组成，如图4-11所示。

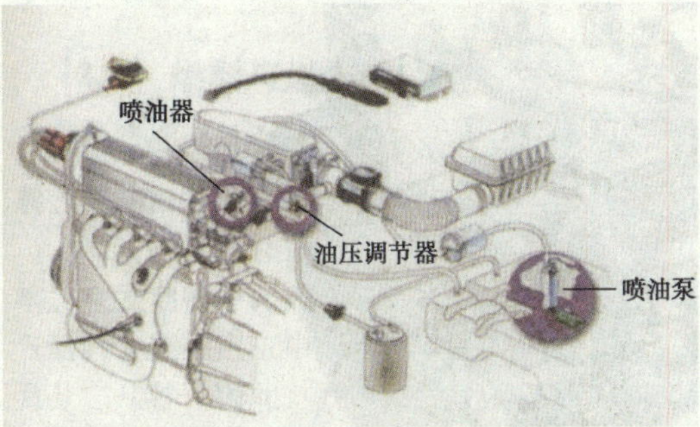

图4-10　电控汽油机燃料供给系统

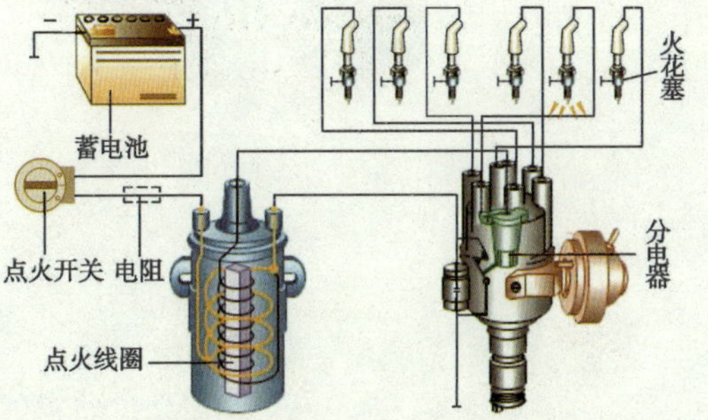

图4-11　传统点火系统的组成

5）冷却系统

冷却系统的功用是将受热零件吸收的部分热量及时散发出去，保证发动机在最适宜的温度状态下工作。水冷发动机的冷却系统通常由冷却水套、水泵、风扇、散热器、节温器等组成，如图4-12所示。

6）润滑系统

润滑系统的功用是向作相对运动的零件表面输送定量的清洁润滑油，以实现液体摩擦，减小摩擦阻力，减轻零件的磨损，并对零件表面进行清洗和冷却。润滑系统通常由润滑油道、机油泵、机油滤清器等组成，如图4-13所示。

7）起动系统

要使发动机由静止状态过渡到工作状

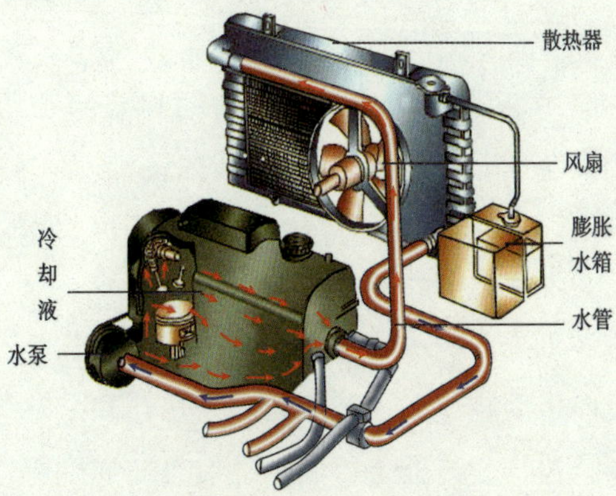

图4-12　发动机冷却系统构造

态，必须先用外力转动发动机的曲轴，使活塞作往复运动，汽缸内的可燃混合气燃烧膨胀作功，推动活塞向下运动使曲轴旋转，发动机才能自行运转，工作循环才能持续进行。曲轴在外力作用下开始转动到发动机开始自动地怠速运转的全过程，称为发动机的起动。完成起动过程所需的装置，称为发动机的起动系统。起动系统主要由起动机及其控制电路组成，如图4-14所示。

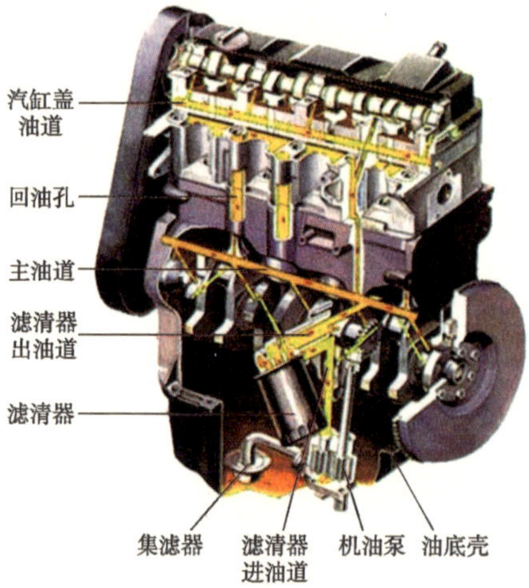

图4-13　润滑系统的组成

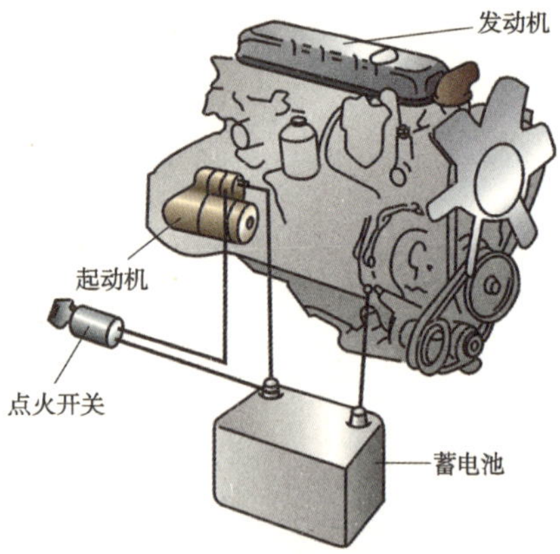

图4-14　起动系统

二 底盘

底盘是汽车的骨架，用来支撑车身和安装所有部件，同时将发动机的动力传递到驱动轮，还要保证汽车按照驾驶人的意志正常行驶。汽车底盘由传动系统、行驶系统、转向系统和制动系统四部分组成，如图4-15所示。

1 传动系统

汽车发动机所输出的动力靠传动系统传递到驱动车轮。传动系统具有变速、倒车、中断动力、轮间差速和轴间差速等功能，与发动机配合工作，能保证汽车在各种工况条件下的正常行驶，并具有良好的动力性和经济性。

图4-15　汽车底盘的组成

机械传动系统一般由离合器、变速器、万向传动装置、主减速器、差速器和半轴等组成，如图4-16所示。发动机输出的动力经离合器、变速器、万向传动装置传递到驱动桥，在驱动桥处，动力又经主减速器、差速器和半轴等到达驱动车轮。

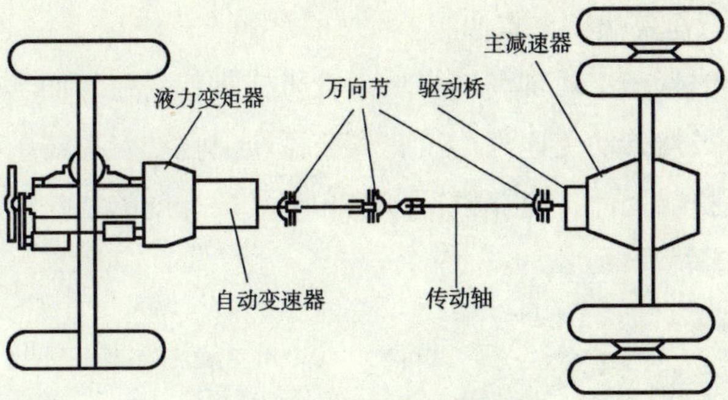

图4-16　机械传动系统的组成

1）离合器

离合器，如图4-17所示。汽车从起动到行驶的整个过程中，经常需要使用离合器。离合器的作用是使发动机与变速器之间能逐渐接合，从而保证汽车平稳起步；有时暂时切断发动机与变速器之间的联系，以便于换挡和减少换挡时的冲击；此外，当汽车紧急制动时能起分离作用，防止变速器等传动系统部件过载，起到一定的保护作用。

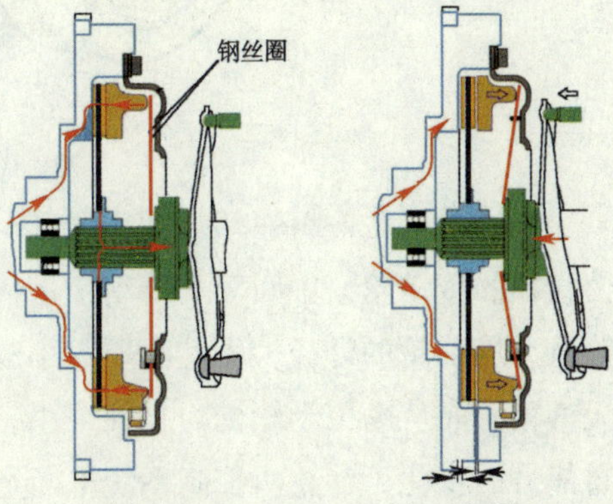

图4-17　离合器的工作状态

2）变速器

变速器的主要功用表现在以下三个方面：

(1)改变传动比，满足不同行驶条件对牵引力的需要，使发动机尽量工作在有利的工况下，满足可能的行驶速度要求。

(2)实现倒车行驶，用来满足汽车倒退行驶的需要。

(3)中断动力传递，在发动机起动、怠速运转、汽车换挡或需要停车进行动力输出时，中断向驱动轮的动力传递。

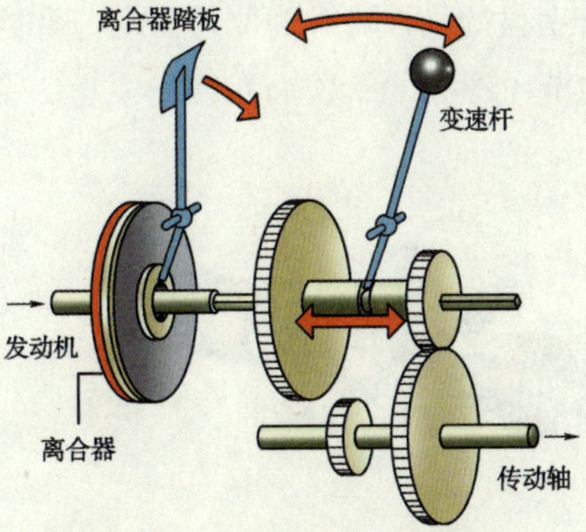

图4-18　手动变速器示意图

按传动比的变化方式划分，变速器可分为有级式、无级式和综合式三种。按操纵方式划分，变速器可以分为强制操纵式、自动操纵式和半自动操纵式三种。

手动变速器（图4-18），即必须用手拨动变速杆才能改变变速器内的齿轮啮合位置，改变传动比，从而达到变速的目的。手动变速在操纵时必须踩下离合器踏板，方可拨动变速杆。一般来说，如果驾驶人技术好，手动变速的汽车在加速超车时比自动变速汽车要快，也省油。

自动变速器（图4–19）通常利用行星齿轮机构进行变速，而驾驶人只需操纵加速踏板控制车速即可。虽然自动变速汽车没有离合器，但自动变速器中有多片离合器、制动器和单向离合器等执行元件，能够根据车速和节气门开度的变化而自动分离或闭合，从而达到自动变速的目的。

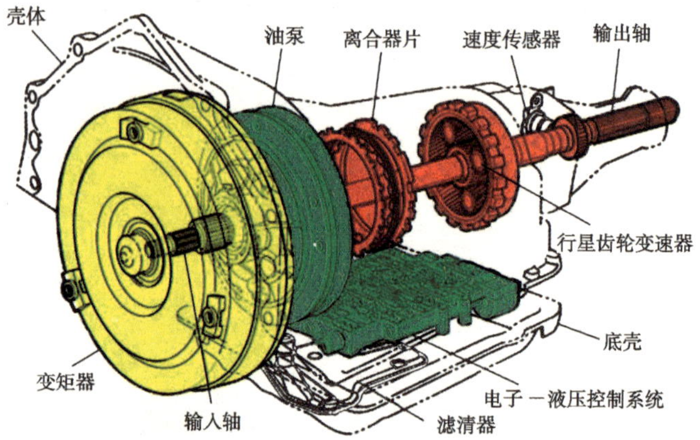

图4–19　自动变速器的组成

无级变速器（图4–20）的内部并没有传统变速器的齿轮传动结构，而是以两个可改变直径的传动轮，中间套上传动带来传动。基本原理是将传动带两端绕在一个锥形传动轮上，传动轮的外径大小靠油压大小进行无级的变化。起步时，主动传动轮直径变为最大直径，而从动传动轮变为直径最小，实现较高的传动比。随着车速的增加和各个传感器信号的变化，计算机控制系统来断定控制两个传动轮的控制油压，最终使传动轮直径发生连续变化，从而在整个变速过程中达到无级变速，没有换挡的突跳感觉。

3）传动轴总成

在汽车传动系统及其他系统中，为了实现一些轴线相交或相对位置经常变化的转轴之间的动力传递，必须采用万向传动装置。万向传动装置一般由万向节和传动轴组成，有时还要有中间支撑。按万向节在扭转方向上是否有明显的弹性可分为刚性万向节和挠性万向节。在汽车的传动系统中常使用十字轴式万向节（图4–21），而在转向驱动桥中往往使用球叉式或球笼式等速万向节。

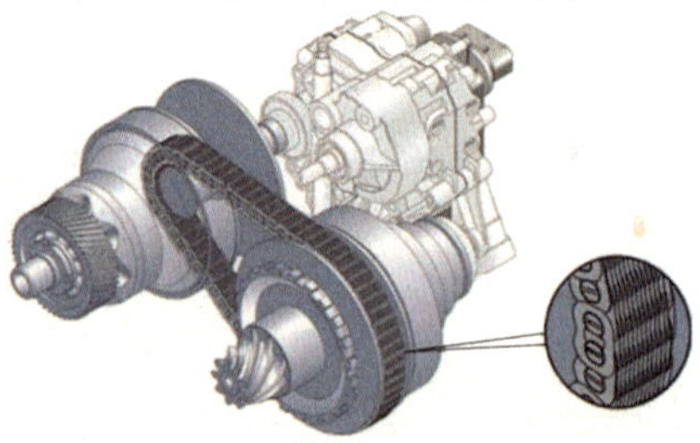

图4–20　无级变速器示意图

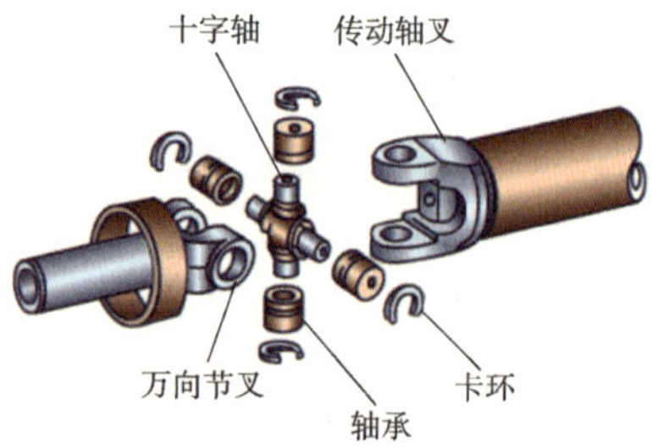

图4–21　十字轴式万向节示意图

4）驱动桥

普通车辆的驱动桥由主减速器、差速器、半轴和驱动桥壳组成，如图4-22所示。

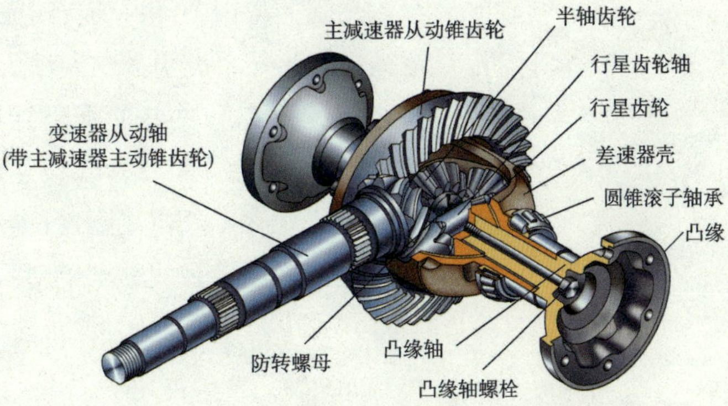

图4-22　驱动桥

主减速器是在传动系统中起降低转速、增大转矩作用的主要部件，当发动机纵置时还具有改变转矩旋转方向的作用，它是依靠齿数少的齿轮带动齿数多的齿轮来实现减速的，采用锥齿轮传动则可以改变转矩旋转方向。一般微型、轻型、中型汽车基本采用单级主减速器，而一些要求大传动比的中型、重型汽车采用双级主减速器。

汽车差速器的作用就是在向两边半轴传递动力的同时，允许两边半轴以不同的转速旋转，满足两边车轮尽可能以纯滚动的形式作不等距行驶，减少轮胎与地面的摩擦。

2 汽车行驶系统

行驶系统的功用是接受传动系统的动力，通过驱动轮与路面的作用产生牵引力，使汽车正常行驶；承受汽车的总质量和地面的反作用力；缓和不平路面对车身造成的冲击，衰减汽车行驶中的振动，保持行驶的平顺性；与转向系统配合，保证汽车操纵稳定性。行驶系统主要由车轮、车桥、车架和悬架组成。

1）车架与车身

车架是汽车上各部件的安装基础。如发动机、变速器、车身或驾驶室通过弹性支撑安装于车架上；前、后桥通过悬架连接在汽车车架上；而转向器则直接安装在车架上。通常车架由纵梁和横梁组成，如图4-23所示。

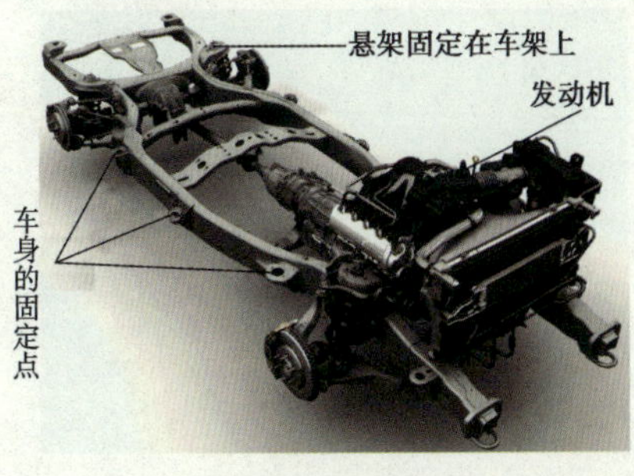

图4-23　车架

在一些客车和轿车上，车身和车架制成一体，这样的车身称为半承载式车身，有的被加强了车身则能完全起到车架的作用，这样的车身称为承载式车身，不另设置车架。随着节能技术的发展，为了减轻自重，越来越多的轿车都采用了承载式车身，如图4-24所示。

2）悬架

汽车悬架是车架（或车身）与车轴（或车轮）之间的所有部件的总称，它的作用是弹性地连接车桥和车架（或车身），缓和行驶中车辆受到的冲击力，保证货物完好和人员舒适，衰减由于弹性系统引进的振动，使汽车行驶中保持稳定的姿态和良好的乘坐舒适性，改善操纵稳定性。悬架通常分为非独立悬架和独立悬架两大类，如图4-25所示。目前大多数轿车的前后悬架都采用了独立悬架的形式。

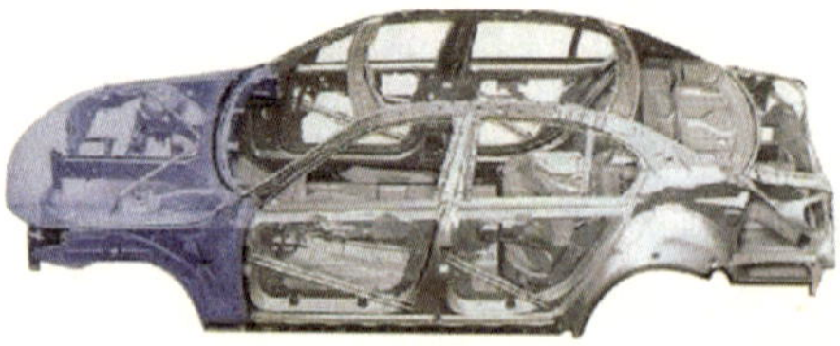

图4-24　承载式车身

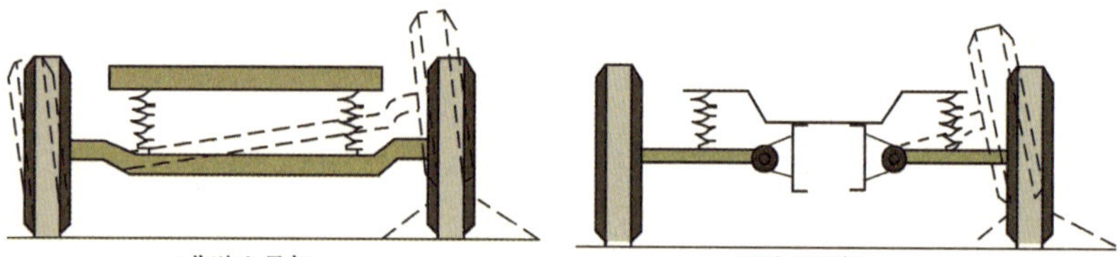

图4-25　悬架的种类

悬架一般包括弹性元件、减振器和导向机构等三部分（图4-26），分别起缓冲、减振和受力传递的作用。

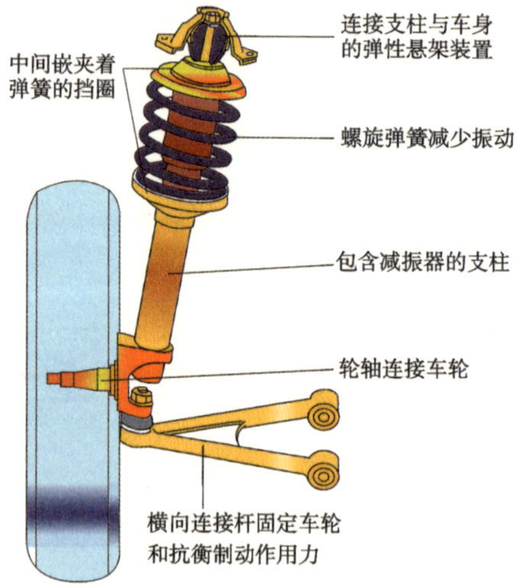

图4-26　麦弗逊式独立悬架

3）车轮

车轮一般是指由轮毂、轮辐、轮辋和轮胎所组成的总成，如图4-27所示。车轮的功用是支持全车的质量，承受驱动力、制动力、以及地面对车轮的各种作用力，并通过轮胎与路面接触而实现汽车的运动。同时，转向轮还具有引导汽车前进方向的作用。

目前汽车最常用的是无内胎轮胎，俗称真空胎。轮胎的结构分为三部分：胎体、帘布、外胎面。胎体较柔软，外胎面刚性较大，中间的帘线起到加强胎体强度和定型的作用，多加以金属丝提高轮胎的弹力性能。

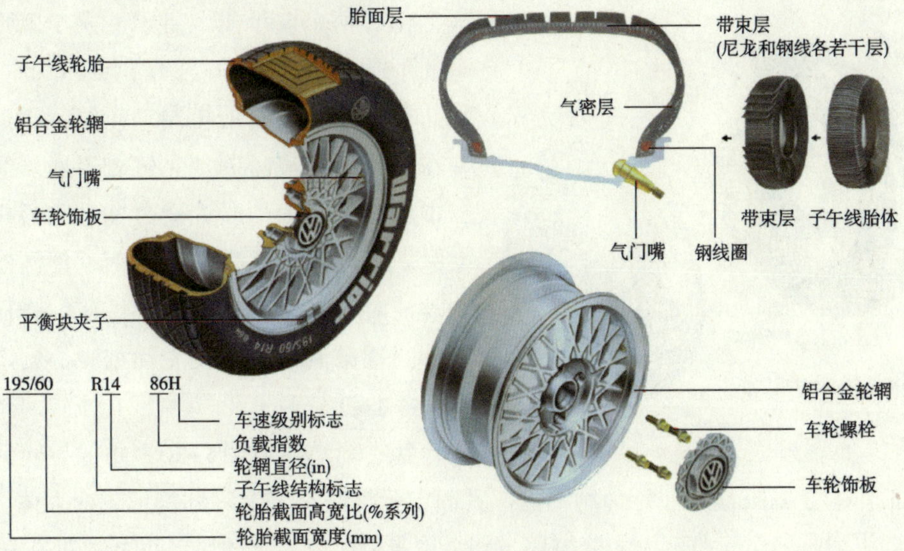

图4-27　车轮结构

3 汽车制动系统

制动系统可分为行车制动系统、驻车制动系统、应急制动系统及辅助制动系统等。制动系统一般由制动操纵机构和制动器两个主要部分组成（图4-28），制动系统的一般工作原理是利用与车身（或车架）相连的非旋转元件和与车轮（或传动轴）相连的旋转元件之间的相互摩擦来阻止车轮的转动或转动的趋势，这个任务主要由制动器完成。

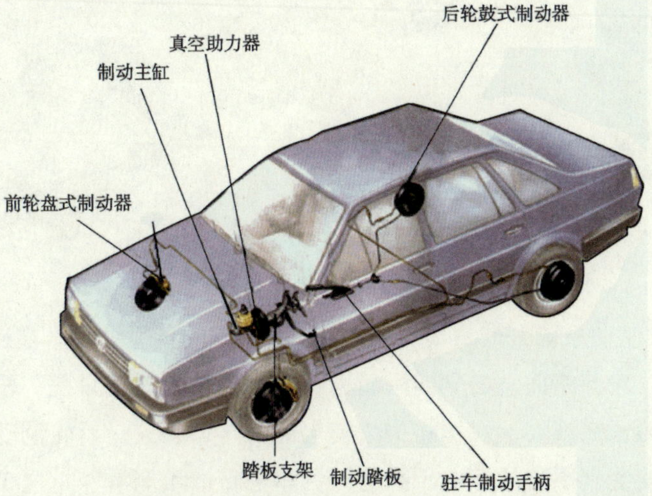

图4-28　制动系统的组成

目前汽车所用的摩擦制动器可分为鼓式制动器和盘式制动器两大类。

鼓式制动器（图4-29）是将一个以内圆面为工作表面的金属制动鼓固定在车轮轮毂上，随车轮一同旋转。在固定不动的制动底板上，有两个支承销，支承着两个弧形制动蹄的下端。制动蹄的外圆面上装有摩擦片。制动底板上还装有液压制动轮缸，用油管与装在车架上的液压制动主缸相连通。制动主缸中的活塞可由驾驶人通过制动踏板机构来操纵。当驾驶人踩下制动踏板，使活塞压缩制动液时，制动轮缸活塞在液压的作用下将制动蹄压向制动鼓，使制动鼓减小转动速度或保持不动。

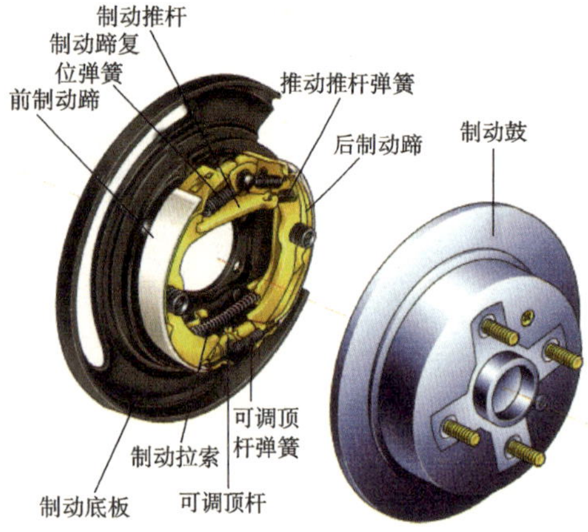

图4-29 鼓式制动器

盘式制动器（图4-30）中的旋转元件是以端面工作的金属圆盘，被称为制动盘。其固定元件则有着多种结构形式，大体上可分为两类。一类是工作面积不大的摩擦块与其金属背板组成的制动块，每个制动器中有2~4个制动块，这些制动块及其促动装置都装在横跨制动盘两侧的夹钳形支架中，总称为制动钳，这种由制动盘和制动钳组成的制动器称为钳盘式制动器；另一类是固定元件的金属背板和摩擦块也呈圆盘形，制动盘的全部工作面可同时与摩擦块接触，这种制动器称为全盘式制动器。

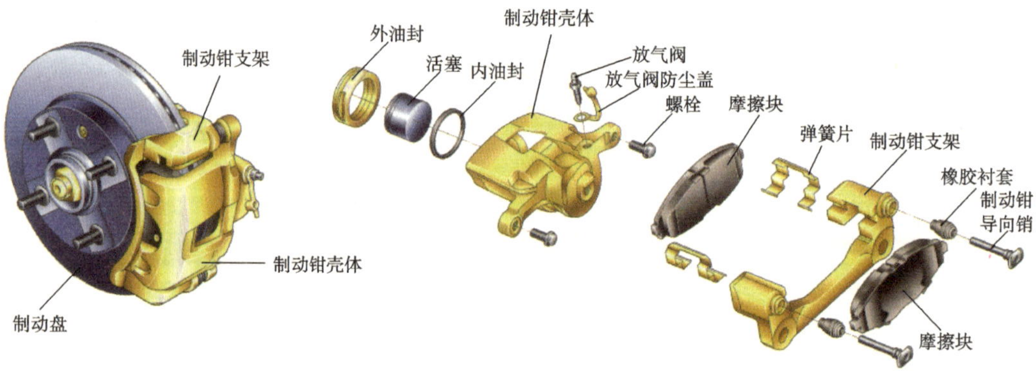

图4-30 盘式制动器

ABS（防抱死制动系统）是Anti-Lock Brake System的英文缩写。在汽车制动时，如果车轮抱死滑移，车轮与路面间的侧向附着力将完全消失。如果只是前轮（转向轮）制动到抱死滑移而后轮还在滚动，汽车将失去转向能力。如果只是后轮制动到抱死滑移而前轮还在滚动，即使受到不大的侧向干扰力，汽车也将产生侧滑（甩尾）现象。这些都极易造成严重的交通事故。因此，汽车在制动时不希望车轮制动到抱死滑移，而是希望车轮制动到边滚边滑的状态。

ABS是通过控制制动油压，来达到对车轮抱死的控制。其工作过程实际上是抱死—松开—抱死—松开的循环工作过程，使车轮始终处于临界抱死的滚动状态，以达到最好的制动效果。

通常，ABS是在普通制动系统的基础上加装车轮速度传感器、ABS电控单元、制动压力调节装置及制动控制电路等，如图4-31所示。

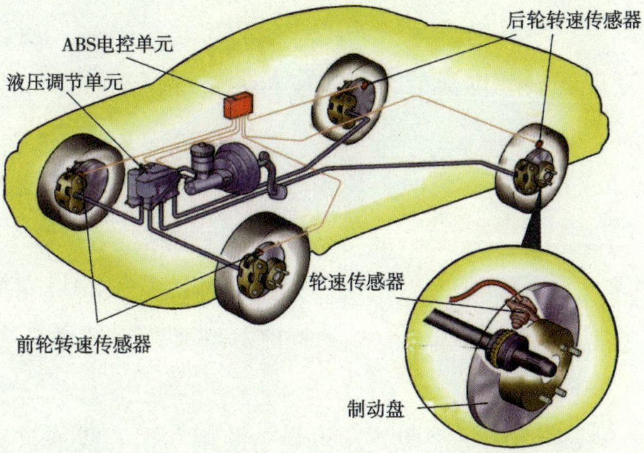

图4-31 ABS的组成

4 汽车转向系统

汽车上用来改变或恢复其行驶方向的专设机构称为汽车转向系统。转向系统是能够按照驾驶人的意志使汽车转向的机构，它将驾驶人转动转向盘的动作转变为车轮（通常是前轮）的偏转动作，如图4-32所示。转向机构必须工作可靠，操纵轻便，能减小地面传到转向盘上的冲击，并保持适当的“路感”。当汽车发生碰撞时，转向装置应能减轻或避免对驾驶人的伤害。

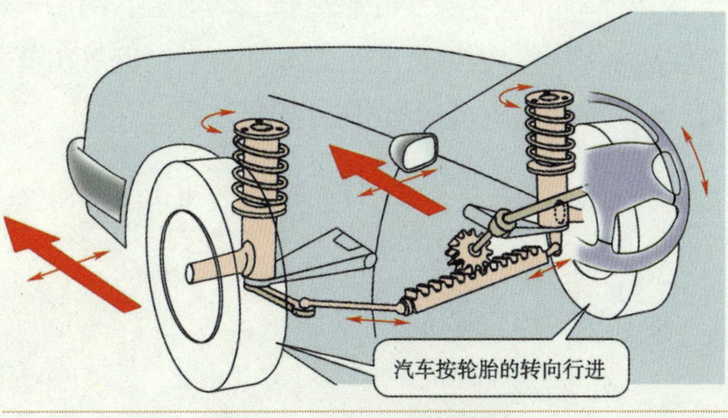

图4-32 汽车转向原理示意图

转向系统主要由转向操纵机构、转向器、转向传动机构和转向助力装置等组成。转向系统按转向动力源的不同可分为机械转向系统和动力转向系统两大类。

三 电气设备

1 概述

电气设备包括电源系统（蓄电池、发电机和调节器）、发动机起动系统和点火系统（汽油机）、照明与信号系统、仪表装置、刮水与洗涤系统、空调系统以及音响和安全气囊等。在现代汽车上，汽车电子化、智能化的程度越来越高。现代汽车电子控制已从单一项目的控制，发展到多项内容复合的集中控制，逐渐形成整车电子控制。汽车电气设备的特点有：

（1）低压。汽车采用低压直流电，现代汽车的标称电压有12V和24V两种。目前汽油车普遍采用12V电源系统。

（2）直流。汽车上采用直流电气系统，其主要原因是发动机靠电力起动机起动，而起动机的电源是蓄电池，当蓄电池的电能消耗完后必须用直流电进行充电，所以汽车电气系统为直流系统。

（3）单线制。单线制即是从电源到用电设备使用一根导线连接；而另一根导线则由汽车车身或发动机机体代替，作为电气回路的连接方式，单线制不仅节约导线，使线路简化、清晰，而且也便于安装和检修，现代汽车普遍采用单线制。

（4）负极搭铁。采用单线制时，蓄电池的一个电极连接到车身上，称为搭铁。蓄电池的负极与车身相连接，则称为负极搭铁；反之，若蓄电池的正极与车身相连接，则称为正极搭铁。按国家标准《汽车拖拉机用电设备技术条件》（GB 2261—1971）规定，国产汽车电气系统统一规定为负极搭铁。

2 电源系统

电源系统包括蓄电池、发电机及调节器，如图4-33所示。发电机、蓄电池与汽车用电设备都是并联的，发动机不工作时由蓄电池供电，发动机起动后，转由发电机供电。在发电机给用电设备供电的同时，也给蓄电池充电。发电机配有调节器，其主要作用是在发电机转速变化时，自动保持发电机输出电压稳定。

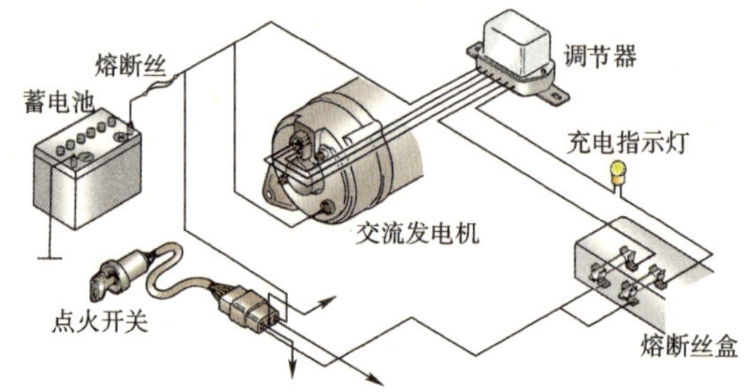

图4-33　电源系统的组成

3 照明与信号系统

为了保证汽车行驶安全，现代汽车上都装备多种照明及信号设备（图4-34），而且各国家对照明及信号设备在法律上都做了不同程度的规定，这些设备构成了照明与信号系统。照明系统用于提供车辆夜间安全行驶必要的照明，包括车外照明和车内照明。信号系统用于提供安全行车所必需的信号，包括喇叭信号和灯光信号。

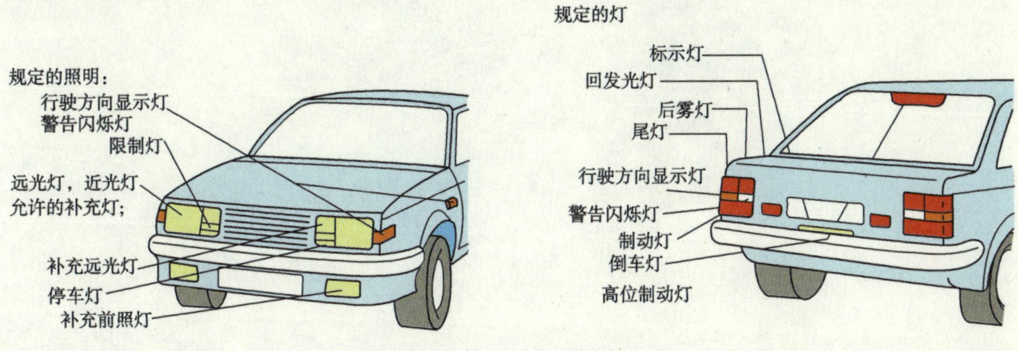

图4-34　照明与信号设备的位置

4 仪表

仪表（图4-35）就是汽车各部位（如油箱、冷却液、机油、充电系统等）的监视系统，能够让驾驶人随时了解汽车各部位的运行状况，保证安全驾驶。为了提高对驾驶的报警灯及指示作用，现代汽车还利用各种报警灯及指示灯来代替仪表，如机油压力报警灯取代机油压力表、充电报警灯取代电流表等，另外再增加驻车制动报警灯、远光指示灯、转向指示灯、挡位指示灯、车门未关报警灯、安全带未系报警灯、发动机故障报警灯、ABS报警灯、SRS报警灯等各种报警灯及指示灯。现代汽车越来越多的报警灯是由电子模块组控制电路的搭铁，使报警灯点亮。

图4-35　帕萨特轿车仪表板

5 空调系统

汽车空调系统（图4-36）能在各种气候和行驶条件下，为乘员提供舒适的车内环境，并能预防或除去附在风窗玻璃上的雾、霜或冰雪，以确保驾驶人的视野清晰与行车安全。汽车空调主要由制冷装置、暖风装置、通风装置、加湿装置、空气净化装置和控制装置等组成。

汽车结构的发展过程是不断出现矛盾和解决矛盾的过程，因此汽车结构的发展只是解决汽车使用、制造和维修过程中出现的一系列矛盾的结果，其结构形式并不是一成不变的。随着科学技术的发展，汽车的总体和部件的构造必将不断完善。

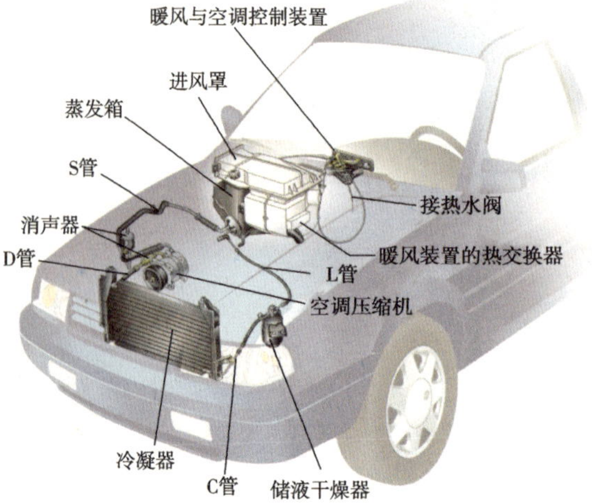

图4-36　空调系统的布置

第四节　新能源汽车

一　燃气燃料汽车

1　压缩天然气汽车（CNG）

天然气是在油田、气田、煤田和沼泽地带产生的天然气体，主要成分是甲烷，纯天然气甲烷含量一般占90%以上。天然气用作汽车燃料的主要方式是压缩天然气和液化天然气。

天然气是一种清洁环境负荷能源，作为车用燃料，与石油提取物燃料车相比，尾气中的一氧化碳排放量可减少80%以上，碳氢及氮氧化合物排放也大大减少，温室气体的CO_2也有显著降低，且基本无颗粒及硫化物排放，有效延长了发动机和润滑油的使用寿命；另外，天然气还拥有经济性高、运行噪声低、低温起动性较好等特点，因此天然气是一种优质车用燃料。

天然气密度低，不如汽油和柴油容易储存，天然气用于汽车燃料时，需要专用的燃料储运和供给系统。为提供充足的燃料，天然气必须压缩至20.7～24.8MPa，然后进入高压气瓶内。常见的CNG汽车就是用压缩天然气（Compressed Natural Gas）作为燃料的汽车。大众途安TSI EcoFuel压缩天然气汽车如图4-37所示。

2　液化天然气汽车（LNG）

LNG是液化天然气（Liquefied Natural Gas）的简称，将气田生产的天然气净化处理，再经超低温（-161℃）处理后，气体天然气就变成了液体天然气，即液化天然气。液化天然气无色、无味、无毒且无腐蚀性，体积约为同量气态天然气体积的1/610，质量仅为同体积水的45%左右。另外，液化天然气燃烧后几乎不产生污染。

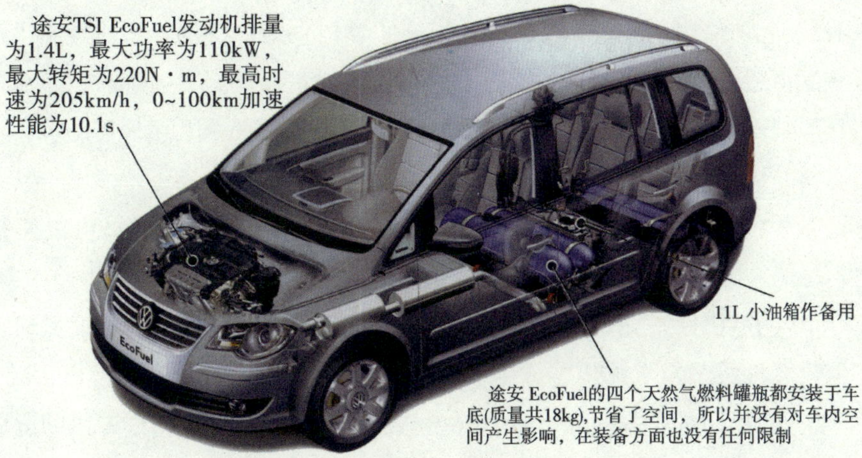

图4-37　大众途安TSI EcoFuel透视图

汽车用LNG就全球范围内都还在起步阶段，由于配套设置不完善及其他原因的制约，目前LNG更多的是用在商用车领域（图4-38），比如重型载货汽车或公交车，用于乘用车方面还非常少。

③ 液化石油气汽车（LPG）

LPG是液化石油气（Liquefied Petroleum Gas）的简称，是指常温下加压（1MPa左右）而液化的石油气。液化石油气来自炼厂气、湿性天然气或油田伴生气。

由于液化石油气几乎不含有不可燃烧成分、发热量高、燃烧充分、无粉尘灰渣，所以，液化石油气是一种清洁能源。使用液化石油气能减少空气污染，保护环境。液化石油气燃烧时释放的热量是常用燃气中最高的，因此非常适合当作车用燃料。

在国内，LPG在汽车方面也仅仅是用在有政府扶持的公交车；而国外，除了商用车以外，在乘用车方面，也运用得较多。LPG的加注状态如图4-39所示。

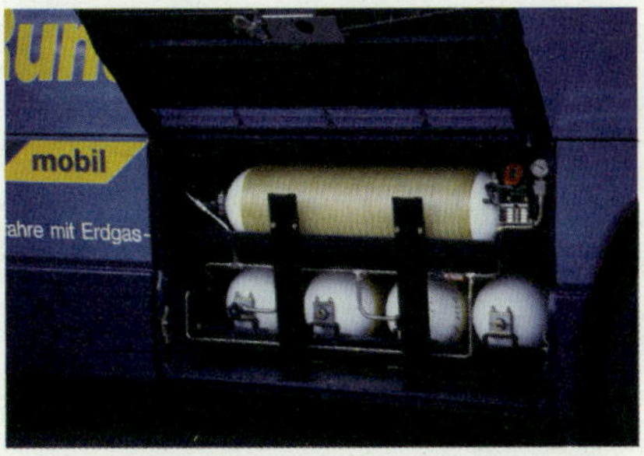

图4-38　LNG用于商用车

图4-39　LPG的加注状态

二 生物燃料汽车

生物燃料（bio-fuel）就是由生物原料生产的燃料，这些生物原料包括农林产品或其副产品、工业废弃物、生活垃圾等。农业和林业生产的碳水化合物是目前的主要生物原料，目前我们所说的生物燃料一般是指生物液体燃料，最广泛的运用是燃料乙醇（bio-ethanol）和生物柴油（biodiesel）。燃料乙醇可以替代由石油制取的汽油，而生物柴油则可替代由石油制取的柴油，因此，生物燃料是可再生能源开发利用的重要方向。

生物燃料的优点：

（1）它是一种可再生的燃料。依靠生物原料的再生性，这种燃料可以说是用之不竭，取之不尽的。

（2）生产的范围广。无论全球哪个地方，也无论那个地方的气候状况如何，都可以获得生产生物燃料所需的原材料。

（3）生物燃料的推广方便。不像燃气燃料，需要新建补给设备或专用的运输设备，生物燃料完全可以利用现有的加油站进行燃料补给。

（4）生物燃料是非常环保的，它不会有过多的有害物质排放，不会造成环境污染。

1 生燃料乙醇（bio-ethanol）

乙醇俗称酒精，它以玉米、小麦、薯类、糖或植物等为原料，经发酵、蒸馏而制成。将乙醇进一步脱水再经过不同形式的变性处理后成为燃料乙醇。燃料乙醇也就是用粮食或植物生产的可加入汽油中的品质改善剂。它不是一般的酒精，而是它的深加工产品。

燃料乙醇一般不会直接用来当汽车燃料，而是按一定的比例与汽油混合在一起使用，这有利于增加燃料的辛烷值。按照我国的国家标准，乙醇汽油是用90%的普通汽油与10%的燃料乙醇调和而成。它可以有效改善油品的性能和质量，降低一氧化碳、碳氢化合物等主要污染物排放。它不会影响汽车的行驶性能，还能减少有害气体的排放量。燃料乙醇作为一种新型清洁燃料，是目前世界上可再生能源的发展重点。国内从2003年起陆续在黑龙江、吉林、辽宁、河南、安徽等省及河北、山东、江苏、湖北等的27个城市全面停用普通无铅汽油，改用添加10%燃料乙醇的E10燃料。当在汽油中掺兑少于10%时，对车用汽车发动机无需进行大的改动，即可直接使用乙醇汽油。

近年来，出现了名为E85的替代燃料术语，这是按85%的燃料乙醇和15%的汽油混合的新型生物燃料。E85拥有与传统汽油相同的性能和价格，但是有害物质排放却远远低于普通汽油，因此在发达国家得以迅速的推行。美国E85燃料站如图4-40所示。

2 生物柴油（Biodiesel）

生物柴油（图4-41）是指以油料作物、野生油料植物和工程微藻等水生植物油脂以及动物油脂、餐饮垃圾油等为原料油通过酯交换工艺制成的可替代石化柴油的再生性柴油燃料。

图4-40　美国E85燃料站

图4-41　生物柴油

1983年，美国科学家Graham Quick首先将菜籽油的甲酯用于发动机，并将可再生的脂肪酸单酯定义为生物柴油。1984年美国和德国等国的科学家研究了采用脂肪酸甲酯或乙酯代替柴油做燃料，即采用来自动物或植物的脂肪酸单酯来代替柴油燃烧。

作为一种可替代化石燃料的可再生燃料，生物柴油具有以下特点：首先它是以可再生的动物及植物脂肪酸单酯为原料，可以降低对石化燃料的依赖，包括自产和进口；其次，生物柴油非常环保，使用生物柴油的汽车所排放出来的有害物质仅为传统柴油汽车的10%，颗粒物为普通柴油的20%；另外，生物柴油可以运用于现在普通的柴油发动机，可按任意比例与普通柴油掺和使用，在普通的加油站就可以获得。

美国是研究和推广生物柴油最早的国家，采用的是20%生物柴油，掺和80%普通柴油的B20柴油，而现在还能提供B99几乎纯生物柴油供应。B20可将汽车的尾气污染物降低50%，获得美国能源署及环保署的清洁燃料殊荣，对生物柴油的税率为0%。

欧盟是生物柴油推广和发展最快的地区，生物柴油是欧盟最重要的生物燃料，约占生物燃料总产量的80%。欧盟约80%的生物柴油由油菜籽生产，剩余的主要由葵花油和豆油生产。生物柴油市场份额庞大的主要原因是：欧盟相当一大部分的汽车由柴油驱动以及柴油供应短缺。欧盟最大的生物柴油生产国是德国、法国和意大利，2008年产量分别为280万吨、180万吨和59.5万吨。而根据每个国家的具体运用不同，生物柴油与普通柴油的掺和比例也不同，有B5、B30~B40、B100等。

我国对于生物柴油的研发和推广较晚，但发展迅速。截至2008年，我国生物柴油的生产能力达300万吨，但产量仅为30万吨。产量与生产能力之所以有较大的差距是因为生物柴油的原料供应限制以及相关的政策引导、产业化发展程度不足造成。不过可以预见的是：生物柴油作为一种可再生的清洁能源，在完全依靠石油进口的我国，有着广泛的发展空间。

③ 太阳柴油（Sundiesel）

Sundiesel是德国Choren公司的一个注册商标，是该公司将生物质转化为液体燃料的一种技术。与美国的Coskata使用垃圾等废弃物生产乙醇一样，Choren公司通过边角木料、秸秆或稻草为原料来生产生物燃料。从生物质和纤维素中提取的SunFuel属于第二代生物燃料。特别通过CO_2排放中性的方式对生物质资源进行利用，将会成为这一代生物燃料发展的重点。在现有的柴油发动机中使用这种品质极高的SunFuel燃油，可以进一步降低约30%的颗粒和氮氧化物排放，哪怕是在老旧车辆上使用，也能够取得明显的效果。为了进一步履行广泛推广SunFuel的承诺，大众汽车集团与戴姆勒公司携手签约认购了德国CHOREN公司的股份，该公司已在德国建造了全球首个商用产业规模的生物燃料工厂。这种代用燃料的CO_2循环回收率达到90%以上，而且不会与食品生产发生冲突，对于中国也有广泛的应用前景。

图4-42　太阳柴油

太阳柴油（图4-42）具有以下优点：具有高十六烷值，所以燃力远优于常规柴油；没有芳香化合物，不含硫，因此明显降低有害物排放；可以利用于现有基本设施和发动机系统；几乎百分之百CO_2中性。

三 混合动力汽车

混合动力汽车是指同时装备两种动力来源——热动力源（由传统的汽油发动机或者柴油发动机产生）与电动力源（电池与电动机）的汽车。混合动力汽车一般采用能够满足汽车日常驾驶需求的小排量发动机，通过电动机获得加速与爬坡所需的附加动力。其结果在未牺牲性能的前提下，大大降低了燃油消耗和废气排放。

① 串联式混合动力汽车

串联式混合动力汽车，如图4-43所示。串联式混合动力汽车是指车辆的驱动力只来源于电动机的混合动力汽车。特点是发动机带动发电机发电，电能通过电动机控制器输送给电动机，由电动机驱动汽车行驶。另外，蓄电池也可以单独向电动机提供电能驱动汽车行驶。如雪佛兰Volt汽车。

② 并联式混合动力汽车

并联式混合动力汽车，如图4-43所示。并联式混合动力汽车是指车辆的驱动力由电动机和发动机同时或单独供给的混合动力汽车。它的结构特点是并联式驱动系统可以单独使用发动机或电动机作为动力源，也可以同时使用电动机和发动机作为动力源驱动汽车行驶。如本田Insight汽车。

3 混联式混合动力汽车

混联式混合动力汽车，如图4-43所示。混联式混合动力汽车是指具备串联式和并联式两种结构的混合动力汽车。其特点是可以在串联混合模式下工作，也可以在并联混合模式下工作。混联混合动力多了动力分离装置，动力一部分用于驱动车轮，另一部分用于发电，如丰田普锐斯汽车。

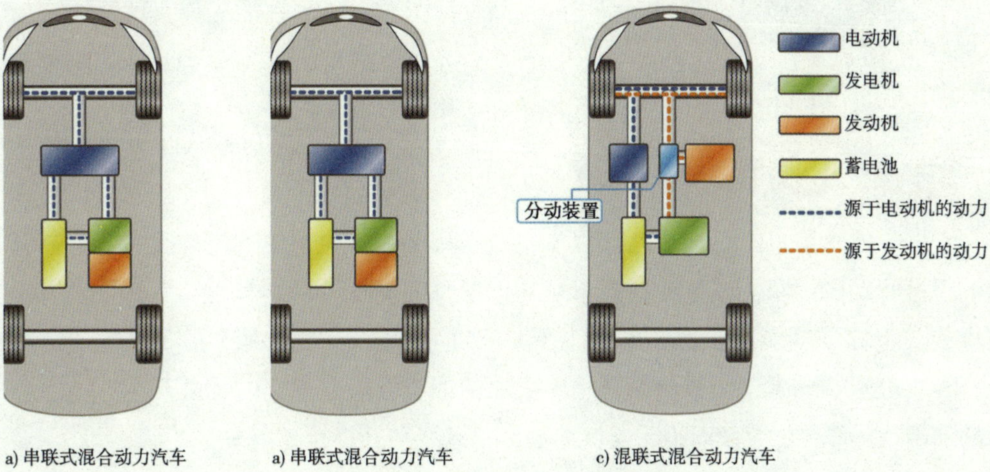

图4-43　大众途安TSI EcoFuel汽车透视图

四 电动汽车

电动车（图4-44）就是仅依靠电力作为驱动力的汽车。电动车拥有悠久的历史，甚至早在汽油车发明之前的1881年第一辆电动车便已诞生。虽然在之后的100多年中未能经历像内燃机车那样的迅猛发展，但比起传统燃油驱动，电能驱动始终蕴藏着无限的潜在优势：摆脱了对原材料石油储量的依赖；能量运用更为高效，降低了使用成本；对环境完全无污染。此外，电动车还拥有更多的驾驶动感和乐趣：无论何时驾驶人踩下加速踏板，电驱系统都能够瞬间提供最大值的转矩，带来令人兴奋的加速感。

图4-44　雷诺Fluence汽车电动车外观图

常用的电动汽车蓄电池有镍氢蓄电池和锂离子蓄电池。

镍氢蓄电池（图4-45）的正极活性物质主要由镍制成，负极活性物质主要由储氢合金制成，它是一种碱性蓄电池。

图4-45 丰田普锐斯汽车的镍氢蓄电池

锂离子蓄电池是指以锂离子嵌入化合物为正极材料的蓄电池总称。锂离子蓄电池的充放电过程，就是锂离子的嵌入和脱嵌过程。锂离子蓄电池能量密度大、平均输出电压高、工作温度范围宽（-20～60℃）、循环性能优越，可快速充放电，充电效率高达100%；而且输出功率大、使用寿命也很长。

五 燃料电池汽车

燃料电池汽车（图4-46）是指以氢气、甲醇等为燃料，通过化学反应产生电流，依靠电动机驱动的汽车。其电池的能量是通过氢气和氧气的化学作用，而不是经过燃烧，直接变成电能或动能的。燃料电池（图4-47）的化学反应过程不会产生有害物质，因此，燃料电池车辆是无污染汽车，燃料电池的能量转换效率比内燃机要高2～3倍。从能源的利用和环境保护方面而论，燃料电池汽车是一种理想的车辆。

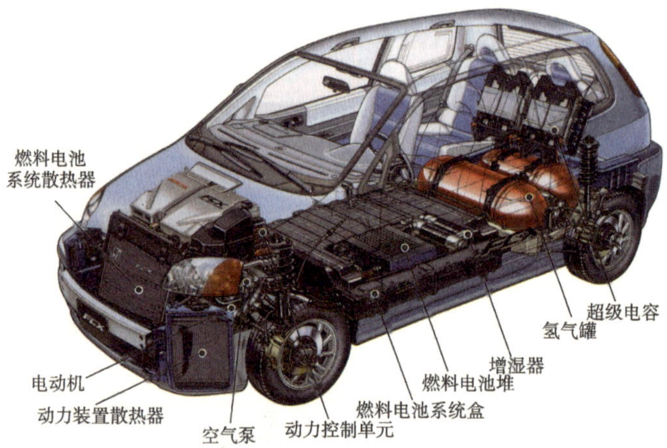

图4-46 本田FCX汽车透视图

单个的燃料电池必须结合成燃料电池组，以便获得必需的动力，满足车辆使用的要求。

燃料电池汽车的优点：零排放或近似零排放、减少了机油泄漏带来的水污染、降低了温室气体的排放、提高了燃油经济性和发动机燃烧效率并且运行平稳、无噪声。

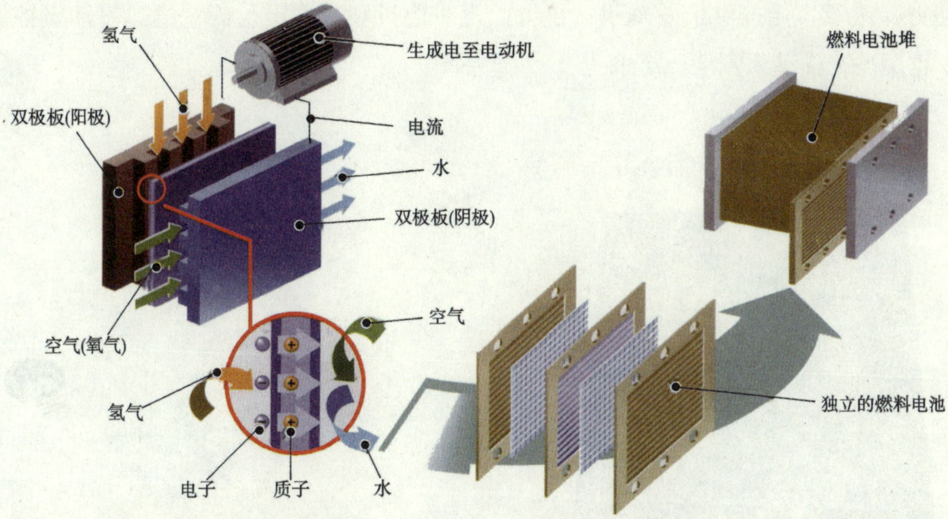

图4-47 燃料电池系统部件分解图

六 太阳能汽车

太阳能汽车（图4-48）是一种靠太阳能驱动的汽车。相比传统热机驱动的汽车，太阳能汽车是真正的零排放。因为其环保的特点，太阳能汽车被诸多国家所提倡，太阳能汽车产业的发展也日益蓬勃。

图4-48 太阳能电动汽车

将太阳光变成电能是利用太阳能的一条重要途径。人们早在20世纪50年代就制成了第一个光电池。

太阳能电池依据所用半导体材料的不同，通常分为硅电池、硫化镉电池、砷化镓电池等，其中最常用的是硅太阳能电池，如图4-49所示。

通常，硅太阳能电池能把10%～15%的太阳能转变成电能，它既使用方便、经久耐用，又很干净，不污染环境，是比较理想的一种电源。只是光电转换的比率小了一些。近年来，美国已研制成光电转换率达35%的高性能太阳能电池；澳大利亚用激光技术制成的太阳能电池，其光电转换率达24.2%，这些都为光电池在汽车上的应用开辟了广阔的前景。

将光电池装在汽车上，用它将太阳光不断地变成电能作为驱动汽车运动的动力，这种汽车就是新兴起的太阳能汽车。太阳能汽车利用太阳能的一般方法：在阳光下，太阳能光伏电池板采集阳光，并产生人们通用的电流，这种能量被蓄电池储存并为以后旅行提供动力，或者直接提供给发动机，也可以汽车边行驶边蓄电。能量通过发动机控制器带动车轮运动，推动太阳能汽车前进。

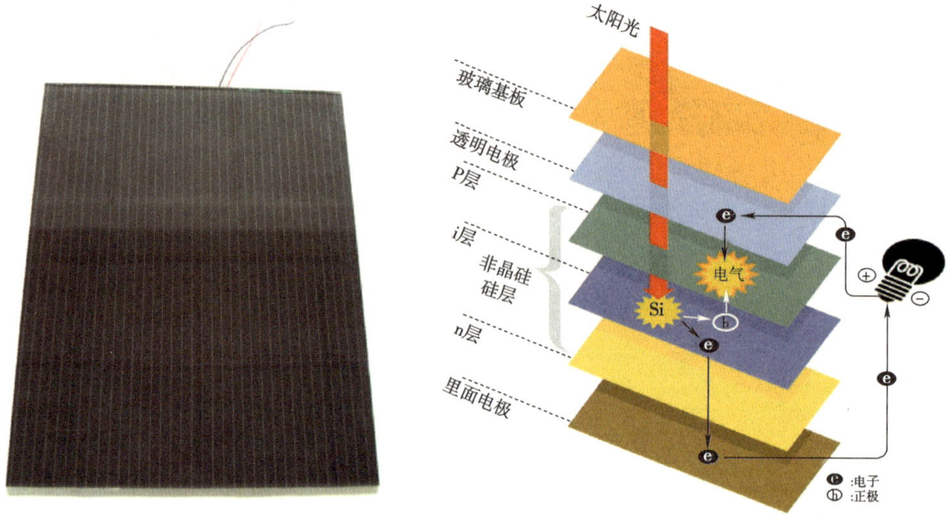

a)太阳能电池板　　b)太阳能电池的发电原理

图4-49　硅太阳能电池及发电原理

第五章 汽车维修技能大赛

第一节 全国中等职业学校“丰田杯”汽车运用与维修技能大赛

一 大赛目的

目前，我国正在进入汽车社会。伴随着汽车快速大量进入家庭，机动车维修与社会生产，人民生活的关系更加密切。到2010年底，我国机动车保有量已超过2亿辆，其中汽车保有量为9000余万辆，目前，我国共有各类汽车、摩托车维修企业41万余家，年维修量已达到2.5亿辆次。为加大培养和选拔汽车维修行业急需的技能型人才，2003年12月，教育部、交通运输部（原交通部）等六部委联合实施了现代制造业和服务业技能型紧缺人才培养工程，汽车运用与维修专业被列为首批实施专业。

工程实施以来，教育部、交通运输部和地方政府不断加大各项政策支持力度，增加经费投入。“十一五”期间，中央财政投入已超过2亿元用于支持职业院校汽车运用与维修专业的发展，使得全国近1500所设有汽车运用与维修专业的职业学校办学条件和教学水平得到明显改善，汽车运用与维修专业毕业生数量大幅增加，他们已经成为汽车维修行业的生力军，为汽车维修行业的快速发展提供了有力的人才保障。

为认真落实党中央、国务院关于大力发展职业教育的方针，推动中等职业学校教育教学改革，提高中等职业学校汽车运用与维修专业学生的学习积极性，促进学生实际操作技能的提高，检验制造业和现代服务业技能型紧缺人才培训和培养工程的成果，教育部、交通运输部从2007年开始，每年举办一次全国中等职业学校汽车运用与维修技能大赛。经过几年的努力，全国中等职业院校“丰田杯”汽车运用与维修技能大赛，已经成为中等职业院校汽车运用与维修专业技能大赛最具专业性与规模的盛会。

二 组织领导

（1）主办单位：教育部、交通运输部、重庆市人民政府（2007年）、天津市人民政府（2008年及以后）。

（2）承办单位：中国汽车维修行业协会、重庆市教委（2007年）、天津市教委（2008年及以后）、天津市东丽区人民政府（2010年及以后）。

（3）协办单位：一汽丰田汽车销售公司、丰田汽车（中国）投资有限公司、广汽丰田汽车有限公司（2009年及以后）、奔腾汽车检测维修设备制造有限公司（2009年及以后）、PPG工业集团庞贝捷油漆贸易（上海）有限公司（2009年及以后）、天津交通职业学院（2009年）、博世汽车检测设备（北京）有限公司（2010年及以后）、天津市东丽区教育局（2010年及以后）、天津市东丽区职业教育中心学校（2010年及以后）。

（4）支持单位：中国儿童少年基金会、丹纳赫工具（上海）有限公司、中国职业技术教育学会（2007年）、中华职业教育社（2007年）、中国交通教育学会（2007年）、深圳威宁达实业有限公司（2007年和2008年）、佛山市南华仪器有限公司（2007～2009年）、南京华维汽车新技术开发有限公司（2007年）、青岛金华工业集团有限公司（2007年、2008年、2010年、2011年）、重庆工业职业技术学院（2007年）、南京宣成科技有限公司（2008年及以后）、中国中小企业竞争力工程（网站）（2008年）、上海景格汽车科技有限公司（2008年及以后）、上海鹏达计算机系统开发有限公司（2008年及以后）、高等教育出版社（2008年及以后）、天津交通职业学院（2008年）、博世汽车检测设备（深圳）有限公司（2009年及以后）、北京广达汽车维修设备有限公司（2009年及以后）、中国教育网（2009年）、中大工业集团公司（2009年及以后）、人民交通出版社（2009年及以后）、SPX斯必克机电产品（苏州）有限公司（2010年及以后）、珠海市龙神有限公司（2011年）。

三 2007年全国中等职业学校“丰田杯”汽车运用与维修技能大赛

（一）大赛时间

（1）预赛时间：2007年4月15日～5月28日。

（2）决赛时间：2007年6月26日，汽车二级维护作业团体赛；2007年6月27日，汽车维修基本技能个人赛。

（二）大赛地点

（1）预赛地点：各参赛学校所属省（区、市）行政区域内。

（2）决赛地点：重庆工业职业技术学院。

（三）大赛项目与要求

（1）团体赛：汽车二级维护作业。二级维护作业按国家标准《汽车维护、检测、诊断技术规范》（GB/T 18344—001），结合丰田威驰轿车4万km维护规程进行考核（作业时限：30min）。

（2）个人赛：汽车维修基本技能（考核项目）。

①汽缸盖的拆卸与安装：丰田5A发动机，时限为30min；

②汽缸测量：测量汽缸筒磨损，时限为20min；

③简单故障排除：丰田威驰轿车汽车电控系统故障，时限为30min。

（3）决赛使用车辆：丰田威驰1.3MT轿车，手动5挡，发动机型号为2SZ。

（四）大赛的举办

2007年6月26日上午，2007年全国中等职业学校“丰田杯”汽车运用与维修技能大赛开幕式在重庆工业职业技术学院大礼堂隆重举行，如图5-1所示。本次大赛吸引了来自全国34个省、市共66所职业学校的196名学生参赛。

图5-1 开幕式现场

开幕式后，首先进行的是本次大赛的团体赛——汽车二级维护作业。随着裁判长的一声令下，本次大赛正式拉开了帷幕。参赛选手紧张而有序地进入场地，开始了比赛。“车身外观一切正常”、“请允许打开点火开关进行检查”、“制动系统异常”……参赛选手紧张地对汽车进行检查，并不断地向同伴和裁判报告故障情况，而另一名参赛选手迅速地根据口令选择维修工具举行维修，裁判员也紧紧跟着参赛选手，根据他们的每一个步骤进行打分，整个现场一派热火朝天的景象如图5-2 ~ 图5-4所示。

图5-2 比赛现场（1）

图5-3 比赛现场（2）

图5-4 比赛现场（3）

本次大赛重在提高学生的实际操作技能，因此很注重操作的过程，主要根据选手是否合理选择工具、仪器，是否规范使用工具、仪器，是否安全文明作业、规范操作，完成项目是否齐全，团队人员配合是否熟练等方面进行打分。

（五）总决赛获奖情况

1 大赛奖项

（1）大赛分为团体赛和个人赛，共设5个一等奖、5个二等奖和6个三等奖和优秀奖，获奖选手学校将获得企业捐助的发动机台架、解码仪、尾气分析仪和维修工具等物质奖励。

（2）所有进入决赛选手获颁《中华人民共和国道路运输从业人员从业资格证》。

（3）团体赛和个人赛前10名获奖学员将获得中华人民共和国交通运输部颁发的“机动车检测维修士”国家职业资格证书。

2 大赛一等奖获奖学校名单

（1）汽车运用与维修技能大赛（团体组）一等奖获奖学校有：广州市交通运输中等专业学校、大连天巳汽车学校、上海市交通学校、北京市交通学校和宁波市鄞州职业高级中学。

（2）汽车运用与维修（个人组）一等奖获奖学校有：北京市交通学校、苏州建设交通高等职业技术学校、上海市交通学校、长兴县职业技术教育中心学校（浙江代表队）和上海市交通学校。

四 2008年全国中等职业学校汽车运用与维修技能大赛

（一）大赛项目与要求

（1）团体赛：汽车二级维护作业。二级维护作业按国家标准《汽车维护、检测、诊断技术规范》（GB/T 18344—2001），结合丰田卡罗拉GL 1.6 AT轿车4万km维护作业标准进行考核。

（2）个人赛：汽车维修基本技能（考核项目）。

①汽缸盖的拆卸与安装：丰田8A发动机；

②汽缸筒测量：对TJ376发动机缸体进行测量；

③简单故障排除：丰田卡罗拉轿车汽车发动机电控系统故障。

（二）大赛的举办

2008年6月28～29日，2008年全国中等职业学校汽车运用与维修技能大赛决赛在天津交通职业学院成功举办，来自全国各省、自治区、直辖市、计划单列市和新疆生产建设兵团的36支代表队共计208名中等职业院校汽车维修专业的学生，从各省（市）预赛中脱颖而出参加本次大赛。

大赛分设团体赛和个人赛两个项目：团体赛的比赛科目为汽车二级维护作业（图5-5）。目前，全国汽车维修行业年作业量达2亿辆次，其中维护作业量占70%，通过该项比赛，强化学生汽车维护作业技能以及团队精神；个人赛的比赛科目为汽车维修基本技能考核（图5-6），涉及三项作业：汽缸盖的拆卸与安装、汽缸筒测量和简单故障排除，主要是检验汽车维修专业学生的基本功。

图5-5 团体汽车二级维护作业考核现场

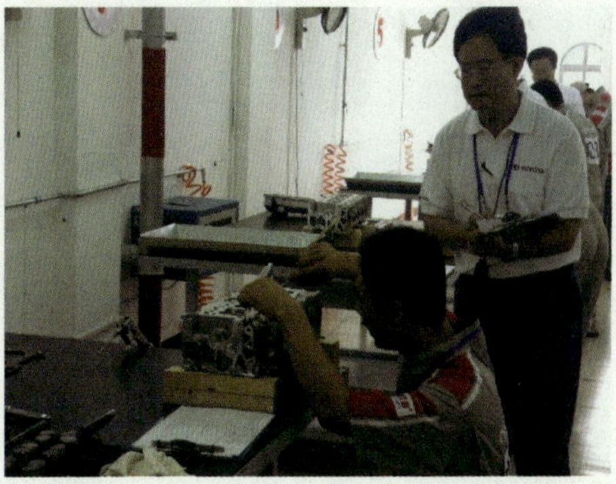
图5-6 个人汽车维修基本技能考核现场

（三）大赛一等奖获奖学校名单

本次大赛分为团体赛和个人赛，考虑到大赛选手的增多，从本届大赛开始，每个奖项共设8个一等奖、15个二等奖和20个三等奖。

（1）汽车运用与维修技能大赛（汽车二级维护）一等奖获奖学校有：广州市交通运输中等专业学校、天津市交通学校、浙江省宁波市慈溪市锦堂职高、广东省佛山市顺德中等专业学校、北京市交通学校、大连市交通口岸职业技术学校、苏州建设交通高等职业技术学校和德州交通职业中等专业学校。

（2）汽车运用与维修（汽车维修基本技能）一等奖获奖学校有：德州交通职业中等专业学校、天津市交通学校、浙江省宁波市慈溪市锦堂职高、深圳市宝安职业技术学校、广东省佛山市顺德中等专业学校、青海交通职业技术学院、上海市南湖职业学校和苏州建设交通高等职业技术学校。

五 2009年全国职业院校中职组“丰田杯”汽车运用与维修技能大赛

（一）大赛项目与要求

本次比赛设立四个项目，包括汽车二级维护作业团体赛和汽车维修基本技能、车身修复（钣金）和车身涂装（涂漆）三项个人赛。

1 团体赛（汽车二级维护作业）

二级维护作业按国家标准《汽车维护、检测、诊断技术规范》（GB/T 18344—2001），结合丰田卡罗拉GL 1.6 AT轿车4万km维护规程进行考核，作业时限为35min。

2 个人赛

1）汽车维修基本技能

（1）活塞连杆组拆装及测量，时限为30min；

（2）汽缸测量：测量汽缸筒磨损，时限为20min；

（3）简单故障诊断排除：丰田卡罗拉轿车汽车电控系统故障，时限为30min。

2）车身修复（钣金）

竞赛分理论部分和实操部分。

（1）理论部分（满分为100分，占总成绩20%）：

①考试形式：闭卷笔试。

②考试题型：共80道题。其中：40道判断题（每题1分），30道单项选择题（每题1分），10道多项选择题（每题3分）。

③考试时间：90min。

（2）实操部分（满分为100分，占总成绩的80%）：

①电子测量项目，时间为30min/人；

②电阻点焊项目，时间为30min/人；

③气体保护焊，时间为30min/人；

④门板外形修复，时间为40min/人。

3）车身涂装（涂漆）

竞赛分理论部分和实操部分。

（1）理论部分（满分100分，占总成绩20%）：

①考试形式：闭卷笔试。

②考试题型：共80道题。其中：40道判断题（每题1分），30道单项选择题（每题1分），10道多项选择题（每题3分）。

③考试时间：90min。

（2）实操部分（满分100分，占总成绩80%）：

①损伤处理，时间为（20+20+45）min/人；

②面漆前处理，时间为30min/人；

③素色漆调色，时间为45min/人；

④单工序面漆喷涂，时间为30min/人。

（二）大赛的举办

2009年全国职业院校中职组“丰田杯”汽车运用与维修技能大赛，于6月28～29日在天津交通职业学院拉开帷幕（图5-7～图5-10）。来自全国各省、自治区、直辖市、计划单列市和新疆生产建设兵团的37支代表队共计341名中等职业院校汽车维修专业的学生从各省（市）预赛中脱颖而出，参加了本次大赛。西藏自治区首次派出选手参加了全部四个赛项的比赛。

与前两届大赛相比，今年在汽车二级维护作业团体赛和机修个人赛项目的基础上，又增设了车身修复（钣金）、车身涂装（涂漆）两项个人赛项目。钣金个人和涂漆个人项目比赛，旨在教育部调整中职专业目录后指导汽车车身修复专业的建设以及人员的培养。

图5-7　汽车二级维护作业团体赛

图5-8　汽车维修基本技能个人赛

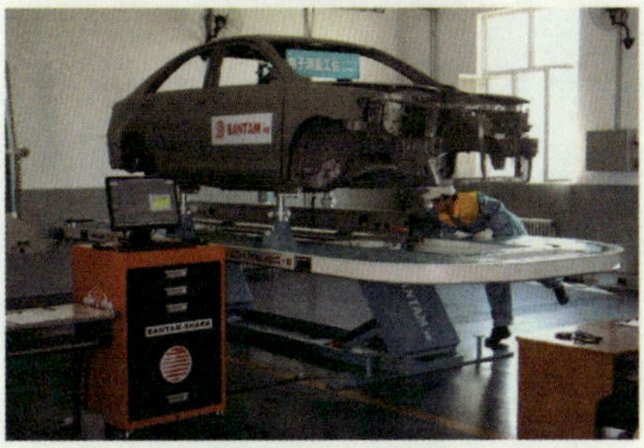

图5-9　车身修复（钣金）个人赛

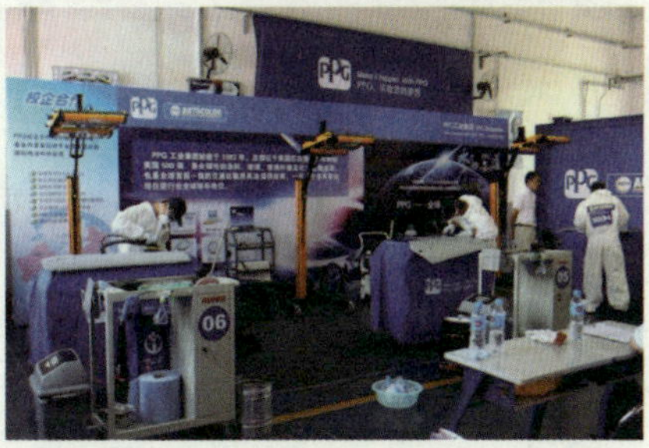

图5-10　车身涂装（涂漆）个人赛

（三）大赛一等奖获奖学校名单

（1）汽车运用与维修技能大赛（汽车二级维护团体赛）一等奖获奖学校有：慈溪市锦堂高级职业中学、佛山市顺德区中等专业学校、广州市交通运输职业学校、北京市交通学校、山东德州交通职业中等专业学校、上海市交通学校、贵州交通职业技术学院中专部和大连天巳汽车学校。

（2）汽车运用与维修（汽车维修基本技能个人赛）一等奖获奖学校有：上海市交通学校、厦门工商旅游学校、石家庄市第三职业中专学校、北京市交通学校、佛山市顺德区中等专业学校、深圳市龙岗职业技术学校、武汉市交通学校和厦门工商旅游学校。

（3）汽车运用与维修[车身修复（钣金）个人赛] 一等奖获奖学校有：江苏建设交通高等职业技术学校、上海市交通学校、南京交通技师学院、武汉市交通学校、大连天巳汽车学校、浙江省宁波市鄞州职业高级中学、北京市交通学校和杭州交通高级技工学校。

（4）汽车运用与维修[车身涂装（涂漆）个人赛]一等奖获奖学校有：北京市交通学校、慈溪市锦堂高级职业中学、江苏建设交通高等职业技术学校、杭州交通高级技工学校、浙江省宁波市鄞州职业高级中学、上海市交通学校、重庆市立信职业教育中心和武汉市交通学校。

六 2010年全国职业院校技能大赛中职组“丰田杯”汽车运用与维修技能大赛

（一）大赛项目与要求

本次大赛设立四个项目，包括团体赛（汽车二级维护作业、车轮定位）及汽车维修基本技能、车身修复（钣金）、车身涂装（涂漆）三项个人赛。

1 团体赛（竞赛分理论部分和实操部分）

1）理论部分（满分为100分，占总成绩的20%）

（1）考试内容：主要为法律法规、职业道德、安全规范和专业基础知识。

（2）考试题型：共80道题。其中40道判断题（每题1分），30道单项选择题（每题1分）、10道多项选择题（每题3分）。

（3）考试时间：90min。

（4）考试方式：计算机考试（选手每人一台计算机，直接在计算机上用键盘或鼠标进行判断和选择）。

2）实操部分（满分为100分，占总成绩的80%）

实操部分共两项：

（1）二级维护作业项目（50分）。包括实际操作、故障检查和作业规范等。二级维护作业按国家标准《汽车维护、检测、诊断技术规范》（GB/T 18344—2001），结合丰田卡罗拉GL1.6AT轿车4万km维护规程进行实操考核。比赛时间：35min。比赛作业车辆：丰田卡罗拉GL1.6AT轿车。

（2）车轮定位项目（50分）。包括车轮定位检测、分析和判断（不做定位实际调整）等。车轮定位作业遵照设备操作手册、比赛车型维修手册的相关要求和作业项目表流程进行实操考核，并填写记录单，完成一份故障分析和车轮定位调整方案。比赛时间：35min。比赛作业车辆：丰田凯美瑞轿车（作业技术要求与车型无关）。比赛车辆具备基本条件如下：

①四个车轮轴承合格，间隙正常，无松旷变形。

②四个车轮高度值合格，满足定位要求。

2 个人赛

1）汽车维修基本技能（竞赛分理论部分和实操部分）

（1）理论部分（满分为100分，占总成绩的20%）。

①考试内容：主要为法律法规、职业道德、安全规范和专业基础知识。

②考试题型：共80道题。其中：40道判断题（每题1分），30道单项选择题（每题1分），10道多项选择题（每题3分）。

③考试方式：计算机考试（选手每人一台计算机，直接在计算机上用键盘或鼠标进行判断和选择）。

④考试时间：90min。

（2）实操部分（满分为100分，占总成绩的80%）。

实操部分共两项：

①单缸活塞连杆组拆装与测量：对指定的活塞连杆组进行活塞三道环拆装；测量汽缸直径、活塞直径及第一道活塞环端隙和侧隙（不测量连杆止推间隙和连杆大、小头油隙，连杆与活塞不分解）；填写测量记录表并进行判断。

②汽车故障诊断：对指定的系统进行故障诊断，故障范围包括卡罗拉轿车发动机控制系统、CAN通信系统、照明系统三部分，故障包括有故障码故障和无故障码故障。

③比赛时间：选手按抽签分组顺序进行比赛，单人作业总时间为60min。其中：单缸活塞连杆组拆装与测量为30min，汽车故障诊断为30min。

2）车身修复（钣金）（竞赛分理论部分和实操部分）

（1）理论部分（满分为100分，占总成绩的20%）。

①考试内容：主要为法律法规、职业道德、安全规范和专业基础知识。

②考试题型：共80道题。其中：40道判断题（每题1分），30道单项选择题（每题1分），10道多项选择题（每题3分）。

③考试方式：计算机考试（选手每人一台计算机，直接在计算机上用键盘或鼠标进行判断和选择）。

④考试时间：90min。

（2）实操部分（满分为100分，占总成绩的80%）。

①车身电子测量和校正，时间为40min/人。

②电阻点焊，时间为25min/人。

③气体保护焊，时间为25min/人。

④受损门板修复，时间为40min/人。

3）车身涂装（涂漆）（竞赛分理论部分和实操部分）

（1）理论部分（满分为100分，占总成绩的20%）。

①考试内容：主要为法律法规、职业道德、安全规范和专业基础知识。

②考试题型：共80道题。其中：40道判断题（每题1分），30道单项选择题（每题1分），10道多项选择题（每题3分）。

③考试方式：计算机考试（选手每人一台计算机，直接在计算机上用键盘或鼠标进行判断和选择）。

④考试时间：90min。

（2）实操部分（满分为100分，占总成绩的80%）。

①损伤处理，时间为40min/人。

②面漆前处理，时间为15min/人。

③素色漆调色，时间为40min/人。

④单工序面漆喷涂，时间为15min/人。

（二）大赛的举办

2010年全国职业院校技能大赛中职组“丰田杯”汽车运用与维修技能大赛于2010年6月24～27日在天津东丽区职业教育中心学校举行，如图5-11～图5-14所示。本次大赛共吸引了来自全国37个省、自治区、直辖市的共计353名中等职业学校汽车运用与维修专业的学生参加。

图5-11　比赛现场

图5-12　比赛道具

图5-13　评委审核

图5-14　开幕式

本次大赛设团体赛和个人赛，都进行理论考试和实操比赛。团体赛的比赛项目除了汽车二级维护作业以外，增加了车轮定位项目，旨在强化学生对汽车维修行业作业中比重较大的维护作业和车轮定位作业的能力。

（三）大赛一等奖获奖学校名单

（1）汽车运用与维修技能大赛（汽车二级维护）一等奖获奖学校有：苏州建设交通高等职业技术学校、无锡汽车工程学校、山东德州交通职业中等专业学校、深圳市宝安职业技术学校、宁波市鄞州职业高级中学、北京市交通学校（北京1组）、宁波市慈溪锦堂高级职业中学和广州市交通运输职业学校。

（2）汽车运用与维修（汽车维修基本技能）一等奖获奖学校有：山东德州交通职业中等专业学校、宁波市鄞州职业高级中学、苏州建设交通高等职业技术学校、北京市交通学校、苏州建设交通高等职业技术学校、重庆市立信职业教育中心、北京市交通学校和山东德州交通职业中等专业学校。

（3）汽车运用与维修[车身修复（钣金）个人赛]一等奖获奖学校有：宁波市鄞州职业高级中学、重庆市立信职业教育中心、苏州建设交通高等职业技术学校、无锡汽车工程学校、广州市交通运输职业学校、深圳市技工学校、宁波市慈溪锦堂高级职业中学和上海市交通学校。

（4）汽车运用与维修[车身涂装（涂漆）个人赛]一等奖获奖学校有：河南省工业科技学校、宁波市慈溪锦堂高级职业中学、天津市交通学校、杭州交通高级技工学校、武汉市交通学校、宁波市鄞州职业高级中学、杭州交通高级技工学校和青岛市城阳区职业中等专业学校。

七　2011年全国职业院校技能大赛中职组“丰田杯”汽车运用与维修技能大赛

（一）大赛项目与要求

本次大赛设立四个项目，包括团体赛（汽车二级维护作业、车轮定位）及汽车维修基本技能、车身修复（钣金）、车身涂装（涂漆）三项个人赛。

1 团体赛（竞赛分理论部分和实操部分）

1）理论部分

与2010年要求一样，考试时间由2010年的90min缩短为60min。

2）实操部分（满分为100分，占总成绩的80%）

实操部分共两项：

（1）二级维护作业项目（50分）。与2010年要求一样。

（2）车轮定位项目（50分）。包括车轮定位检测、分析和调整等。车轮定位作业遵照设备操作手册、比赛车型维修手册的相关要求和作业项目表流程进行实操考核。比赛时间：35min。比赛作业车辆：丰田凯美瑞轿车（作业技术要求与车型无关）。比赛车辆具备的基本条件如下：

①四个车轮轴承合格，间隙正常，无松旷变形。

②四个车轮高度值合格，满足定位要求。

③车辆后桥外倾角、前束和前桥外倾角的数据都在合格范围内。

2 个人赛

1）汽车维修基本技能（竞赛分理论部分和实操部分）

（1）理论部分。与2010年要求一样，考试时间由2010年的90min缩短为60min。

（2）实操部分（满分为100分，占总成绩的80%）。

①比赛内容：分为配气正时机构拆装、测量与检查和汽车故障诊断两项。

②比赛时间：选手按抽签分组顺序进行比赛，单人作业总时间为60min。其中：配气正时机构拆装、测量与检查为30min；汽车故障诊断为30min。

2）车身修复（钣金）（竞赛分理论部分和实操部分）

（1）理论部分。与2010年要求一样，考试时间由2010年的90min缩短为60min。

（2）实操部分（满分为100分，占总成绩的80%，其中，车身电子测量和校正为30分，板件更换为40分，受损门板修复为30分）。

①车身电子测量和校正，时间为40min。

②板件更换，时间为40min。

③受损门板修复，时间为40min。

3）车身涂装（涂漆）（竞赛分理论部分和实操部分）

（1）理论部分。与2010年要求一样，考试时间由2010年的90min缩短为60min。

（2）实操部分（满分为100分，占总成绩的80%，其中损伤处理为30分，面漆前处理占10分，双工序纯色漆调色为30分，双工序面漆喷涂为30分）。

①损伤处理，时间为40min。

②面漆前处理，时间为15min。

③双工序纯色漆调色，时间为40min。

④双工序面漆喷涂，时间为25min。

3 汽车空调维修个人邀请赛

汽车空调维修个人邀请赛（满分为100分，考核实操），此赛项为自愿参赛项目，比赛成绩不计入各省总分。

（1）比赛内容：根据交通行业标准《汽车空调制冷剂回收、净化、加注工艺规范》（JT/T 774—2010）和维修手册的要求，正确使用设备、仪器和工具，完成对指定汽车的空调制冷剂鉴定、回收、净化和加注等各项操作流程。

（2）比赛时间：30min。

（3）比赛车型：丰田卡罗拉GL 1.6AT轿车。

（二）大赛的举办

2011年6月24日～27日，2011年“丰田杯”全国中等职业学校汽车运用与维修技能大赛在天津市东丽区职业教育中心学校东丽湖新校区举行，如图5-14～图5-16所示。来自全国各省、自治区、直辖市、计划单列市和新疆生产建设兵团的37支代表队共计413名（其中女选手10人）中等职业院校汽车维修专业的学生经选拔，脱颖而出，来天津参加此次技能大赛。

图5-15 比赛现场

图5-16 冠军合影

与往届大赛相比，今年大赛还增加汽车空调维修个人邀请赛，为自愿参加项目，要求选手正确使用设备、仪器和工具，完成对指定汽车的空调制冷剂鉴定、回收、净化和加注等各项操作流程。其目的是推广交通行业标准《汽车空调制冷剂回收、净化、加注》（JT/T 774—2010），促进"绿色维修"环保理念在我国汽车维修行业的普及，推进汽车维修行业的健康发展。

（三）大赛一等奖获奖学校名单

（1）汽车二级维护作业和车轮定位（团体项目）一等奖获奖学校有：北京市交通学校、苏州建设交通高等职业技术学校、广州市交通运输职业学校、宁波市鄞州职业高级中学、天津市东丽区职业教育中心学校、湖州市交通学校、慈溪市锦堂高级职业中学和青岛交通职业学校。

（2）汽车维修基本技能（个人项目）一等奖获奖学校有：山东德州交通职业中等专业学校、北京市交通学校、宁波市鄞州职业高级中学、天津市东丽区职业教育中心学校、北京市交通学校、广州市交通运输职业学校、天津市交通学校和山东德州交通职业中等专业学校。

（3）车身修复（钣金）（个人项目）一等奖获奖学校有：宁波市鄞州职业高级中学、重庆市立信职业教育中心、广州市交通运输职业学校、慈溪市锦堂高级职业中学、深圳第二高级技工学校、重庆市巴南职业教育中心、深圳第二高级技工学校和山东德州交通职业中等专业学校。

（4）车身涂装（涂漆）（个人项目）一等奖获奖学校有：北京市交通学校、上海市交通学校、深圳第二高级技工学校、北京市交通学校、武汉市交通学校、青岛市城阳区职业中等专业学校、青岛市城阳区职业中等专业学校和重庆市巴南职业教育中心。

第二节　世界技能竞赛及与汽车相关比赛项目简介

一 起源与发展

第二次世界大战期间，欧洲工业普遍受到重创，残破不堪，各国于战后均积极重建家园。西班牙虽然没有直接波及战争，但也间接受到严重影响。因此西班牙当局为促使全国青年认识工作技能的重要性及提高技术水准，于1947年由其职业青年团体发起举办全国技能竞赛大会，至此拉开了技能竞赛的序幕。

自西班牙举办其本国技能竞赛之后，欧洲其他国家相继响应，西班牙于1950年邀请其邻国葡萄牙与会，两国各派选手12名参加12项职业技能竞赛，国际技能竞赛自此正式展开。1950~1999年国际技能竞赛办理之组织简称IVTO（International Vocational Training Organization，国际职业训练组织)，所办的竞赛称为IVTC（International Vocational Training Competition，国际职业训练竞赛)，又称国际青年技能奥林匹克竞赛（International Youth Skills Olympics）；2000年IVTO改名为WSI（Worldskills International Organization，世界技能组织），所办的竞赛称为WSC(World Skills Competition，世界技能竞赛)。目前会员国共有57个国家（地区），秘书处设于荷兰阿姆斯特丹。

世界技能组织是一个中立、非盈利性的非政府国际组织，旨在通过举办世界技能竞赛大会及研讨会等活动，促进青年人和培训师职业技能水平的提升，并积极推广职业技能，加强各国在职业技能领域的交流与合作。

世界技能竞赛每两年举办一次，由各会员国分别申请主办，迄今已举办41届。世界技能竞赛已经确立有48个竞赛项目，每次竞赛项目并非一成不变，会结合产业发展趋势进行调整。

二 世界技能竞赛中与汽车相关的比赛项目介绍

1 汽车技术（Automobile Technology）

汽车技术项目原来名称为汽车技工（Automobile Mechanics），1977年在荷兰乌特拉克（Utrecht Netherlands）举办的第23届国际技能竞赛首次举办；1991年在荷兰阿姆斯特丹（Amsterdam Netherlands）举办的31届国技能竞赛才改名为汽车技术（Automobile Technology）。

汽车技术比赛范围包括七个重要的系统，第41届起将柴油发动机与汽油发动机选择一项，成为六个重要的系统：

（1）制动系统（Breaking systems）；

（2）电气系统（Electrical systems）；

（3）汽油发动机系统（Petrol engine systems）或柴油发动机系统（Diesel engine systems）；

（4）变速器及齿轮系统（Transmission and gear system）；

（5）发动机机械部分修理（Mechanical repair of the motor）；

（6）底盘及转向系统（Chassis and steering systems）。

汽车技术比赛要求汽车技术人员能理解这些系统的功能，并且能进行检查，维护和修理。能有序并系统的工作，遵循卫生和安全规章。汽车技术比赛如图5-17所示。

图5-17　汽车技术比赛

2 汽车钣金（Autobody Repair）

汽车钣金项目原为Panel Beating (打型钣金)，1993年第32届国际技能竞赛在台北举办时正式改名为汽车钣金。

汽车钣金技师的主要工作是修复损坏的肇事车身，这些损坏范围涵盖机械及装饰部分。车身修理技师首先需诊断汽车的损坏程度，拆卸汽车电器零组件及钣金件，修理汽车的钣金片台面，使能在上面喷漆，在喷漆后再完成装配。会使用电阻点焊、CO_2焊、MIG焊、填塞焊等焊接作业，能从事大梁结构件切换作业、钣金面损伤整型，使用计算机测量系统执行损伤车身的测量与车身校正工作，现代车身修护技师需具备多项技能。汽车钣金比赛如图5-18所示。

图5-18　汽车钣金比赛

3 汽车喷漆（Car Painting）

1997年在瑞士圣嘉仑（St. Galan, Switzerland）举行的第34届国际技能竞赛首次举办汽车喷漆职类竞赛。

汽车喷漆项目的技能是修理汽车车身表面，能够完成使用不同材料的喷漆工作，从事底涂、补土、中涂与表面喷漆及修理钣金件表面。比赛选手需要了解标准的底盘、发动机及电气装置构造，且能够进行基本维护工作。汽车喷漆技师必须会更换车辆车身零件，会使用砂纸研磨机及了解不同材料除去旧漆所采用的研磨技术和方法，会补土及使用不让

图5-19　汽车喷漆比赛

车身生锈的基本化学制品及隔绝底漆。汽车喷漆技师必须了解各种喷漆表面，能够混合油漆与调色，用相同颜色去完成喷漆作业。比赛选手了解哪些塑料材料使用在车身，并能找到适当的清洁表面油漆的方法。汽车喷漆技师能够遵守卫生及安全相关规定，合理的选择经济的工作程序。还能了解消费者的需求，在规定时间内完成汽车修理和满足顾客要求。汽车喷漆比赛如图5-19所示。

三　中国与世界技能竞赛

世界技能大赛是世界技能组织成员展示和交流职业技能水平、加强技能合作的重要平台，被誉为“技能奥林匹克”。中国国家人力资源和社会保障部于2010年正式加入世界技能组织。

2011年10月5～8日，第41届世界技能竞赛在英国伦敦举行，来自51个国家（地区）的944名选手参赛。本届大赛所设项目涉及农林园艺、艺术传媒、建筑装修、现代制造、健康护理、公共服务、信息通信、商业零售等8大门类43项正式比赛，每个成员国与地区限1名选手或1支团队参赛，选手年龄为22岁以下，身份不限。另外，本届世界技能大赛还设置了2个展示项目和1个主办国项目的比赛，比赛总计46项。韩国、日本和巴西在奖牌榜上位居前三位。

中国首次组团参加了第41届世界技能大赛（图5-20～图5-22），中国派出的6名青年技能选手参加了数控车、数控铣、CAD机械设计、美发、网站设计、焊接等6个项目的比赛，并首战告捷。其中，焊接项目获得银牌，其他5个项目均进入前八名（美发获第五名、网页设计和数控铣获第六名、CAD机械设计项目和数控车获第八名）并获优胜奖[即

图5-20　中国代表队在开幕式上入场

得分500分以上（满分为600分）]，参赛选手总平均分（524.67分）在51个代表团中排名第二，仅次于老牌参赛国韩国队（选手总平均分为530.58分）。

第42届世界技能大赛将于2013年在德国的莱比锡举行。我们期待着有更多的中国技术人才、特别是中国汽车维修技术精英们参加世界技能大赛，并取得优异成绩。

图5-21　数控车比赛

图5-22　焊接项目比赛银牌得主——裴先峰

第六章 汽车外形与色彩

第一节 汽车外形

一 汽车外形的演变

汽车外形经历了马车形、箱形、甲壳虫形、船形、鱼形、楔形和子弹头形等的发展演变。

1 马车形汽车

早期的汽车被称为“无马的马车”，因为当时的汽车车身基本还是沿用马车形（图6–1），只是在马车的基础上把马换成了发动机而已。当时的马车形车身不过是一种箱形加上座椅，车身上部或为敞篷或为活动篷布用来避雨挡光，这样的车身难以抵挡较强烈的风雨侵袭，给乘客带来了极大的不便。

图6–1 马车形汽车

2 箱形汽车

由于马车形汽车很难抵挡风雨的侵袭，1915年福特公司生产了一种新型的T型汽车，它很像一个大箱子，箱子上部装有门窗，实际上只是在原来的马车车身上做了局部的改进，人们把装有这类车身的汽车称为箱形汽车，如图6–2所示。

说起箱形车身，不由让人想到我们现在乘坐的客车（图6-3），现在的客车车身不论是豪华型还是普通型，也不论车身内饰和外形如何变化，供乘客使用的空间不过是一个长方体的箱形空间，也就是说，箱形车身延续至今仍然有着不可替代的生命力。

图6-2　箱形汽车

图6-3　现代客车的箱形车身

箱形汽车重视了人机工程学，内部空间大、乘坐舒适，有活动房间的美称。但是人们使用汽车是为了能更快地到达目的地，所以不断地发展相应的技术来提高车速，随着车速的提高，空气阻力大的问题暴露出来。因此，人们又开始了新的研究——流线型车身。

3 甲壳虫形汽车

由于箱形车的阻力大，影响前进速度，人们才逐渐认识到了空气阻力的重要性。最佳的方案是采用流线型的车身，流线型是指空气流过不产生旋涡的理想形状，流线型应用的最高境界是飞机的机翼。但是作为汽车绝对的流线型是不现实的，目前汽车的外形均是流线型的变化型。

1934年，美国的克莱斯勒公司生产的气流牌小客车（图6-4），首先采用了流线型的车身外形。1936年福特公司在气流牌小客车的基础上，研制成功林肯和风牌流线型小客车（图6-5）。此车散热器罩很精炼，颇具动感，俯视整个车身呈纺锤形，很有特色。

图6-4　气流牌小客车

图6-5　林肯和风牌流线型小客车

流线型车身的大量生产从德国大众汽车公司开始。1933年，德国的波尔舍博士设计了一种类似甲壳虫外形的汽车。波尔舍博士把甲壳虫的自然美如实地、天才地运用到车身造型上，甲壳虫形车身迎风阻力很小，空气动力学的原理在这种车身上得到了很好的

图6-6　现代甲壳虫形汽车

应用，也为以后在车身外形设计上运用“仿生学”开创了先河。波尔舍最大限度地发挥了甲壳虫外形的长处，使其成为同类车中之王，“甲壳虫”也成为该车的代名词。由于第二次世界大战的原因，直到1949年甲壳虫形汽车才真正大批量生产，并以一种车型累计生产超过2000万辆的纪录畅销世界各地。目前，大众汽车公司仍在生产以这种车身形状为主要外形的乘用车，如图6-6所示。但是甲壳虫形的汽车也有缺点：一是乘员活动空间狭小；二是对横向风的不稳定性。

4 船形汽车

美国福特公司经过几年的努力，于1949年推出具有历史意义的福特V8型汽车。这种车型改变了以往汽车造型的模式，使前翼子板和发动机罩、后翼子板和行李舱罩融于一体，前照灯和散热器罩也形成一个平滑的面，车室位于车的中部，整个车身造型仿如几个长方体的几何形体拼成一个船形，所以人们把这类车称为船形汽车，如图6-7所示。

图6-7　福特V8船形汽车

福特V8型汽车的成功，不仅在外形上有所突破，还首先把人机工程学应用在汽车的设计上，强调以人为主体来设计便于操纵、乘坐舒适的汽车。由于船形车身使发动机前置，从而汽车重心相对前移，而且加大了行李舱，使风压中心位于汽车重心之后，从而避免了甲壳虫形车身对横风不稳定的问题。从20世纪50年代至今，现在的轿车无论为流线型还是在前翼子板与发动机罩之间大圆角过渡，或者在轿车尾部做变动，都能看到船形车身的影子。

船形汽车存在的问题是：由于汽车的尾部过分地伸出，形成了阶梯状，高速行驶时会产生较强的空气涡流，因此影响了车速的提高。

5 鱼形汽车

为了克服船形汽车的缺陷，人们把船形车的后窗玻璃逐渐倾斜，倾斜的极限即成为斜背式。由于斜背式汽车的背部像鱼的脊背，所以这类车称为鱼形汽车，如图6-8所示。鱼形汽车和甲壳虫形汽车从背部来看很相似，但仔细观察可以看出，鱼形汽车的背部和地面的角度比较小，尾部较长。鱼形汽车基本上保留了船形汽车的长处，车室宽大、视野开阔、舒适性好；另外，鱼形汽车还增大了行李舱的容积。最初的鱼形车是美国1952年生产的别克牌小客车。1964年美国克莱斯勒汽车公司的顺风牌汽车和1965年福特汽车公司的野马牌汽车都采用了鱼形造型。自顺风牌以后，世界各国逐渐生产鱼形汽车。

鱼形汽车也存在缺点：鱼形汽车后窗玻璃倾斜度大、面积增加、强度下降，产生结构上的缺陷。由于鱼形车的造型原因，在高速时会产生一种升力，使车轮附着力减小，从而抵挡不住横风的吹袭，易发生偏离的危险。为了克服鱼形车的这一缺点，人们在鱼形车的尾部安装上一只翘的“鸭尾”（图6-9），以克服一部分升力。

图6-8　鱼形汽车

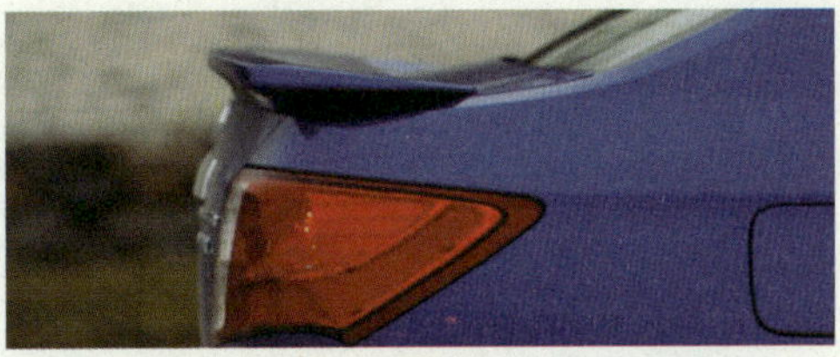
图6-9　汽车尾部的“鸭尾”结构

6 楔形汽车

为了从根本上解决鱼形汽车的升力问题，人们设想了种种方案，最后设计出了楔形汽车，如图6-10所示。就是将车身整体向前下方倾斜，车身后部像刀切一样平直，这种造型能有效地克服升力。1963年，司蒂倍克·阿本提第一次设计了楔形汽车。楔形对于目前所考虑到的高速汽车，已接近于理想的造型。现在世界各大汽车生产国都已生产出带有楔形效果的汽车，这些汽车的外形清爽利落、简洁大方，具有现代气息，给人以美的享受。

图6-10　楔形汽车

楔形汽车对于一般轿车而言也只是一种准楔形，绝对的楔形汽车造型是会影响车身的实用性（乘员空间小）的。所以，除了一些跑车、赛车采用楔形车身外，绝大多数实用型轿车都是采用船形与楔形相结合的方案，它较好地协调了乘坐空间、空气阻力和升力的关系，使实用性与空气动力较好地结合起来。

7 子弹头形汽车

汽车的外形发展到楔形以后，升力的问题基本上得到了解决。但人类追求至善至美的心态是永无止境的，人们又从改变轿车的基本概念上做起了文章。于是一种新型的轿车——多用途轿车（MPV）问世了。

尽管这种汽车仍以传统轿车外形为原型，但其车身造型却一改轿车传统的两厢或三厢结构形式，在轻型客车的基础上进一步发展，使之成为既有轿车的造型风格、操纵性能和乘坐感觉等特性，又具有轻型客车多乘客和大空间的优点，成为集商务、家用和旅游休闲功能为一体的多用途车。由于这种车的造型酷似子弹头，因此，国人将其俗称为子弹头汽车，如图6-11所示。

图6-11　子弹头汽车

二 未来的汽车外形

在汽车百年发展长河中，外形的演变是重要的组成部分。未来我们的汽车会是怎样一幅面貌？新造型、新元素、新材质的采用以及更节能、更环保、更个性的外形将把汽车引向我们的想象之外，比如绿色环保采用光电转换技术的叶子汽车（图6-12），造型奇特、个性的鞋子汽车（图6-13），不会堵车的飞行汽车（图6-14），外形模仿动物的仿生汽车（图6-15）。也许有一天，我们已经记不起汽车最初的模样，未来会超越我们的想象。

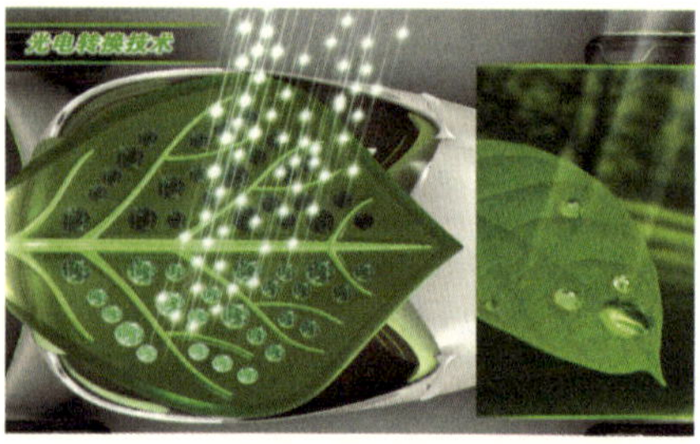

图6-12　叶子汽车

图6-13　鞋子汽车

图6-14　飞行汽车

图6-15　仿生汽车

第二节 汽 车 色 彩

色彩也是汽车的重要组成部分，优美的色彩设计能够提高产品的外观质量和增强产品的市场竞争力。人们在观察汽车的瞬间，首先映入眼帘的是汽车色彩，然后才是外形、质感。也就是说，人的视觉神经对色彩的感知是最快的，其次是形态，质感。

一 色彩学基础

色彩是一种视觉现象，只有光线照射在物体上时，经过物体表面色彩对光线的吸收和反射，再作用于人的视觉器官从而形成了色彩的感觉。

根据色彩的组成要素分析，任何色彩都具有三种物理属性，即色相、明度和纯度称为色彩的三要素。人眼看到的任何一种彩色光都是这三个特性的综合效果，色彩三要素是认识和表现色彩的基本依据，也是鉴别和分析色彩的标准。

色相是指色彩具有的相貌特征。一个色名就代表一种色彩的相貌，如红、黄、绿即为不同的色相。色相在光谱带上的序列是从红到紫直线排列，如图6–16所示。其中：红、黄、蓝为三种原色，橙、绿、紫为二次色，红橙、黄橙、黄绿、蓝绿、蓝紫、红紫为三次色。

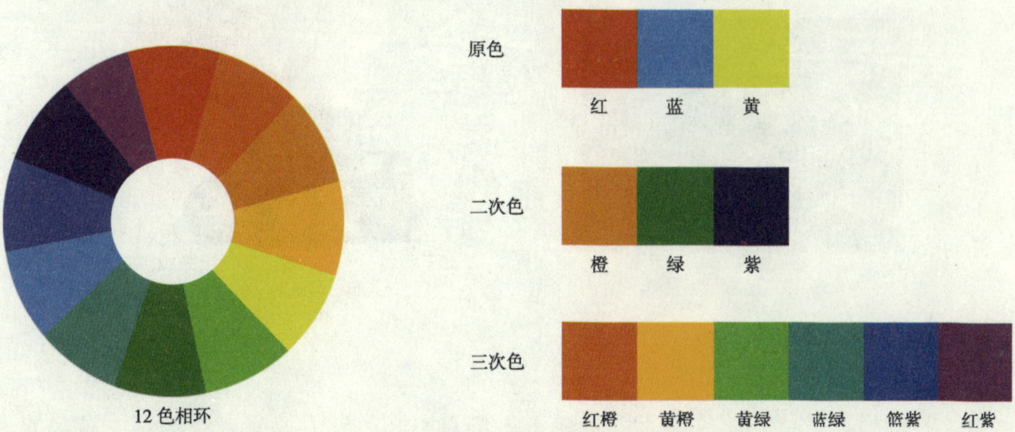

图6–16　基本色相

明度是指色彩的明暗程度。每种色彩都有其自身的明暗程度。

纯度是指色彩的饱和程度，也可以理解为某色相中色素的含量。色彩达到饱和状态时称为色。标准色就是纯色，所以标准色纯度最高，最鲜艳。在无色彩系中，如黑、灰、白，它们没有纯度，只有明度差别。

目前我国对色彩的表示方法，多以色相命名，而对明度和纯度的表示，大多以修饰语加以别，通常有以下几类：以自然物的色彩命名，如苹果绿、橘黄、驼灰、孔雀蓝、象牙白等；以色彩浓度命名，如淡黄、浅绿、深黄等；以色彩的明暗命名，如明绿、暗绿、正绿等。这种命名的方法，直观并有想像力，但准确度差。

二 汽车的使用功能与色彩

汽车在使用过程中，已形成一些惯用色彩。消防车采用红色（图6–17），使人们知道有火灾发生，赶紧避让。白色的救护车（图6–18），是运用白色的纯洁、神圣。邮政车（图6–19）选择绿色给人以和平、安全的感觉。作为军用车（图6–20）一般都为迷彩色，使车辆与草木、地面颜色相近，达到隐蔽安全的目的。工程车辆（图6–21）多为黄色，是运用黄色亮度高、醒目的特点，以引起行人和其他车辆的注意。

图6–17　红色的消防车

图6–18　白色的救护车

图6–19　绿色邮政车

图6–20　迷彩色军用车

图6–21　黄色工程车

三 汽车的使用对象与色彩

由于不同地区使用环境的差别，造成了人们对不同色彩的偏爱。在美国，东部的人们喜欢淡色，西部的人们喜欢鲜明色。伊朗、科威特、伊拉克等中东国家的人们更喜欢绿色，绿洲是生活在黄色沙漠人们的宝地，绿色是生命之源。

由于各国、各民族、各地区的社会政治、经济、文化教育以及生活习惯的不同，表现出人们的色彩观念的不同。美国人喜欢白色和红色；英国人喜欢红色、紫色以及与此相关的枣红色和咖啡色等；德国人喜欢黑色和蓝色；意大利人喜欢红色和黄色；日本人喜欢白色；中国人喜欢黑色和红色。近年来，国内汽车的色彩才开始明快起来，丰富起来。

就车主个性而言，人们在年龄、性别、性格以及文化程度和社会地位等方面的差异，都能影响他们对汽车色彩的选择。比如男性消费者所倾向的颜色多集中在体现沉稳的暗色系（图6-22），如黑色、灰色、银色等。女性消费者所倾向的颜色多集中在体现时尚的亮色系（图6-23），如红色、黄色、蓝色等。

图6-22　男性倾向暗色系汽车

图6-23　女性倾向亮色系汽车

四 汽车的安全与色彩

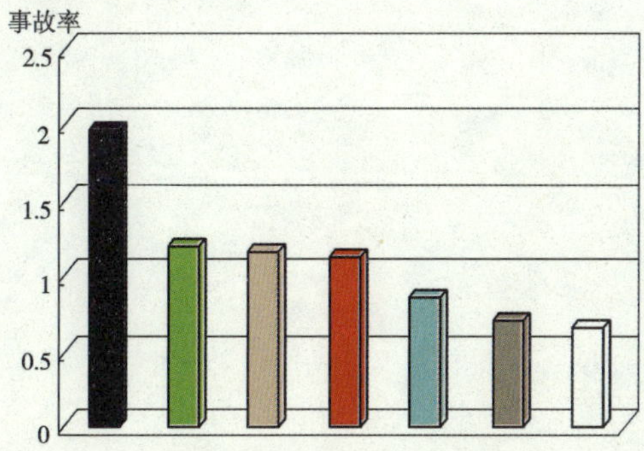

图6-24　不同颜色汽车的事故率

安全行车与汽车色彩也有一定的关系。在心理学上，人们将深蓝色和深绿色称作收缩色（或后退色），看起来比实际小，看上去距离观察者较远。将黄色和红色称作膨胀色（或前进色），看起来比实际大，看上去距离观察者较近。在以黑色为背景时，黄色和白色更容易引起人们的注意，尤其在傍晚、雾天和下雨天时更醒目，所以汽车色彩以黄色较为安全。不同颜色汽车的事故率如图6-24所示。

汽车内饰的颜色选择也同样影响着行车安全。因为，不同的颜色对驾驶人的情绪具有一定的影响。内饰采用明快的配色，能给人以宽敞、舒适的感觉。有专家建议，夏天最好采用冷色内饰（图6-25），冬天最好采用暖色内饰（图6-26），可以调节冷暖感觉。恰当地使用色彩装饰可以减轻疲劳，减少交通事故的发生。

图6-25 冷色内饰

图6-26 暖色内饰

第七章 汽车时尚

第一节 汽车运动

一 汽车运动的起源

世界上最早的车赛是在1887年4月20日由法国的《汽车》杂志社主办的，参赛的只有乔乐基·布顿1个人，他驾驶4人座的蒸汽机汽车从巴黎沿塞纳河畔行驶到了努伊伊。

世界上最早使用汽油汽车进行的长距离汽车公路车赛是在1894年6月由法国汽车俱乐部和《鲁·普奇·杰鲁瓦尔》报社联合举办的，路程为从巴黎到波尔多的往返，全程达1178km，如图7–1所示。获得此次比赛第一名的埃末尔·鲁瓦索尔，共用时8时45分，平均车速为24km/h。由于比赛规定车上只许乘坐一人，而他的车上却乘坐了两人而被取消了获奖资格，结果落后很远的凯弗林获得了冠军。此次参加比赛的总共有23辆车，行驶完全程的有8辆汽油车，1辆蒸汽机车。

图7–1 最早的汽车公路赛

在以后的车赛中，为避免汽车在野外比赛时扬起漫天尘土而影响后面车手的视线，造成伤亡事件，车赛逐渐改为在封闭的道路赛场和跑道上进行，这就是汽车场地赛的雏形。最早的汽车跑道赛于1896年在美国的普罗维登斯举行。为了吸引更多的人参加汽车比赛，使比赛更富刺激和挑战性，法国的勒芒市在1905年举行了世界上第一次真正意义上的场地汽车大奖赛，如图7-2所示。从此，汽车大奖赛成为世界体育舞台上一项非常重要的赛事，小城勒芒也因此闻名于世。

图7-2　勒芒汽车大奖赛

二 汽车运动联合会

法国对赛车运动的产生及发展做出了极大的贡献，因此国际性车赛法文就称“Grand Prix”（简称GP），音译为“格兰披治”，意思就是大奖赛。1904年6月10日，在赛车运动兴盛的法国成立了国际汽车联合会（法文缩写为FIA，简称国际汽联），其会标如图7-3所示，由它负责管理全世界汽车俱乐部和各种汽车协会的活动，总部设在瑞士日内瓦。中国汽车运动联合会（FASC，简称中国汽联）于1975年在北京成立，其会标如图7-4所示，1983年加入国际汽车联合会。中国汽联主要负责全国汽车运动的业务管理。

图7-3　国际汽联会标

图7-4　中国汽联会标

三 方程式汽车锦标赛

1950年，国际汽车联合会（FIA）出于安全和汽车技术发展的需要，颁布了赛车规格和车赛规则，于是便有了方程式（Formula）的概念。参加该类比赛所使用的赛车，必须依照国际汽车联合会制定颁发的车辆技术规则制造，所谓“方程式”实质是规则和限制的意思。方程式赛车不注重汽车的舒适、经济、外观或费用，注重的只是性能。方程式汽车锦标赛有F1、F3、F3000等级别。

一级方程式汽车锦标赛（Formula One Grand Prix Auto Racing）是方程式汽车赛的最高级别，也是所有汽车比赛中最精彩和最刺激的，又称F1汽车赛，如图7–5所示。

图7–5 F1汽车赛

1 F1的车队

F1车队由三部分组成：一是赛车，均由著名汽车制造厂家研制，一般每个车队有1~2辆参赛车辆；二是拥有FIA颁发的“超级汽车驾驶人驾驶执照”的车手，全世界拥有这种执照的驾驶人不到100人；三是维修人员，拥有一流的汽车维修人员，负责赛车的维修。

2010年赛季，参加F1的车队一共有12支，分别是：迈凯轮、红牛、法拉利、梅赛德斯、雷诺、印度力量、威廉姆斯、红牛二队、索伯、莲花、维珍和HRT。

2 F1的赛车

F1的赛车（图7–6）主要出自德国保时捷公司和宝马公司、意大利法拉利公司、美国福特公司和日本丰田公司等。目前，由车队制作车架、车壳，由车厂制作发动机已成为赛车制造的主流，只有法拉利是一家既生产发动机又生产车架、车壳的公司。

图7–6 F1的赛车

F1中赛车的发动机是车赛取胜的最关键因素。目前雷诺V10、法拉利V12、奔驰V10、标致V10、雅马哈V10、福特V8、本田V10等都是著名的赛车发动机。F1赛车走过了几十年的历程，变化最大的是发动机的技术。从2006赛季开始，FIA规定F1赛车使用的发动机排量为2.4L，并限制进排气门的尺寸，发动机采用高标号的汽油作燃料，机油和冷却液的冷却均靠行驶时产生的气流进行

“风冷”。

轮胎也是赛车的关键技术。为了使发动机的动力能可靠地传递到路面，轮胎制作得相当宽大，用以增加与地面的接触面积。根据天气的不同，赛车选用不同的轮胎：干地胎或湿地胎，如图7-7所示。在无雨时选用干地胎，这种胎表面光滑，无任何坑纹，以利于与地面良好贴合；在湿滑条件下则要选用湿地胎，这种胎具有明显的坑纹，以利于排出轮胎与地面之间的积水，保持必要的附着力。比赛前，地面工作人员还要用特制的轮胎毯套对其进行加热或保温，使橡胶具有黏性和韧性，以获得较大的附着力，避免起动或转弯时打滑。比赛中的高速行驶及频繁的强力转向和紧急制动使轮胎磨损极快，经常需要在中途换胎，因此，赛车轮胎只有一个紧固螺栓，便于迅速拆装。

a) 干地轮胎

b) 湿地轮胎

图7-7　F1赛车轮胎

3 F1赛车手

据国际汽车联合会（FIA）规定，参加F1比赛的选手，必须持有“超级汽车驾驶人驾驶执照”。而每年，全世界有资格驾驶F1赛车的车手不能超过100名。因此，为了跻身F1赛场，每名车手必须过五关斩六将，先是小型车赛，然后是三级方程式，接着是二级方程式，这一切都通过了，才能获得“超级汽车驾驶人驾驶执照”，成为F1车手。

F1车赛不仅是车速的比试，同时也是车手体能和意志的较量，所以F1车手必须集身体素质、车技、经验和斗志于一身。F1赛事已走过了半个世纪的历程，涌现出了众多的著名车手，其中以巴西车手埃尔顿·赛纳和德国车手迈克尔·舒马赫尤为出色。

图7-8　埃尔顿·赛纳

埃尔顿·赛纳（图7-8）被誉为“赛车王子”。1960年3月21日，塞纳出生于巴西的圣保罗市。1973年，年满13岁的塞纳首次参加赛车比赛，17岁时便夺得了南美冠军。20世纪80年代末至90年代初是塞纳赛车生涯的辉煌时期，他3次夺得了世界一级方程式车赛年度总冠军，塞纳一时间几乎成了F1赛事的代名词。1994年5月1日，在意大利的伊莫拉赛道的坦布雷罗弯道上，塞纳驾驶的2号赛车以约300km/h的高速撞上了水泥防护墙，不幸身亡，塞纳之死震撼了全世界。在巴西，塞纳不仅仅是一名超级车手，他还是国家的象征，民族的骄傲。

当今世界F1车坛最负盛名的车手要数迈克尔·舒马赫，如图7–9所示。舒马赫1969年1月3日出生于德国。1991年他在乔丹车队首次参加了F1大奖赛。1994年他第一次夺得世界冠军，并于次年卫冕成功。1996年他加盟法拉利车队。2000年，舒马赫为法拉利车队夺得车队与车手双料冠军，成为三届世界一级方程式冠军车手，也是法拉利车队21年来的首个冠军车手。2001年，舒马赫再为法拉利车队夺得车队与车手双料冠军。2006舒马赫宣布退役，至此共参加了211场F1比赛，获得91个分站冠军，137次登上颁奖台，并创纪录地获得7次年度车手冠军。

图7–9 迈克尔·舒马赫

④ F1赛道

F1专用赛道均为环形，每圈长度为3～8km，每场比赛距离为300～320km。为安全起见，赛道两旁一般铺设宽阔的草地或沙地，以便将赛道与观众隔开，同时也可作为赛车出道之后的缓冲区。FIA规定赛场不允许有过多过长的直道，目的在于限制高速，以免发生危险。这些赛场地理环境迥然相异，有的建在高原上，那里空气稀薄，用以考验车手的身体素质。有的则是街道串成的赛场，路面相对狭窄曲折；有的赛车场显得路面宽阔，但有上下坡考验车手的技术。还有的赛场建在树木葱郁的树林中，那里跑道起伏大，车手很难控制车。FIA要求各赛场的救护人员必须分布在全场的每个角落，争取在出事后尽快跑进现场，进行抢救。2004，中国上海首次成为F1中的一站，如图7–10所示。

图7–10 中国上海F1赛车场

四 汽车耐力锦标赛

汽车耐力锦标赛又称“GT赛”，是汽车场地比赛的一种，为长时间耐久性汽车比赛。它以在规定的时间内完成的路程长短或车辆行驶的圈数多少来决定名次。比赛车辆分旅行车和运动原型车两类，并根据发动机的工作容积分为若干级别。比赛中每车可设2~3名驾驶人轮流驾驶。

耐力赛中最著名的比赛是法国勒芒（Le Mans）24h世界汽车耐力锦标赛，如图7-11所示。勒芒位于法国巴黎西南约200km处，每年6月份都要举行世界24h汽车耐力锦标赛。汽车耐力赛对汽车的性能和车手的耐力都是极大的考验，这是一项艰苦的比赛。汽车制造商不惜耗资数百万美元参加勒芒汽车大赛，利用这项大赛来提高公司的声誉。

图7-11　勒芒24h耐力赛

五 汽车拉力赛

汽车拉力赛的“拉力”来自英语“Rally”，意思是集合。即拉力赛是在一国或多国跨境举行的多日的、分段的长途汽车比赛。正式的汽车拉力赛是1911年在英国举行的。

1 汽车拉力赛的规则

汽车拉力赛比赛的路面既有平坦的柏油公路，也有荒山野岭的崎岖山路。比赛时，路线上不断绝其他车辆通行，限定参赛汽车每天行驶的路程及到达时间。路线上设检查站检查是否在规定时间内通过，这是一种既检验车辆性能和质量，又考验驾驶人技术的比赛。参赛汽车须是批量生产的小轿车或经过改装的车。短的拉力赛需要几天，长的可持续几十天。

拉力赛将出发地到终止地之间的路程分成若干个行驶路段和赛段，并在沿途设有给养站和休息站。在行驶路段行驶时，参赛汽车受到一定的时速限制，并须按规定时间抵达各路段的终点，既不能提前也不能拖后，行驶中要遵守当地的交通规则，违反规则者将被扣分。在赛段中，赛车可以全速行驶，有时车速高达200km/h以上。在整个拉力赛结束时，以跑完全程累积时间最少和被扣分数最少的汽车和驾驶人为优胜。

拉力赛主要分为两种：一种为由甲地出发，到达乙地结束的长距离马拉松拉力赛，比如人们所熟悉的巴黎-达喀尔拉力赛；另一种为每天行驶的方向不同但均返回同一地点、历时2~3天的系列赛事，每年在不同国家和地区举办数场或十几场，世界拉力锦标赛（WRC）便是这类比赛。

2 巴黎—达喀尔拉力赛

巴黎—达喀尔拉力赛（The Paris Dakar Rally）简称达喀尔拉力赛，被称为勇敢者的游戏，是世界上最严酷和最富有冒险精神的赛车运动，比赛对车手是否为职业选手并无限制，80%左右的参赛者都为业余选手。巴黎—达喀尔的正式法语名称为“LeDakar”，每年的赛会都以赞助商或地区名称冠名。达喀尔拉力赛徽章如图7-12所示。

达喀尔拉力赛虽然名称为拉力赛，但事实上这是一个远离公路的耐力赛。比赛中需要经过的地形比普通拉力赛要复杂且艰难得多，而且参赛车辆都为真正的越野车，而非普通拉力赛中的改装轿车。拉力赛的大部分赛段都是远离公路的，需要穿过沙丘、泥浆（图7-13）、草丛、岩石和沙漠。车辆每天行驶的路程从由几千米到几百千米不等。

图7-12 达喀尔拉力赛徽章

图7-13 达喀尔拉力赛场景

比赛的过程异常艰苦，车手白天要经受40℃的高温，晚上又要在零下的低温中度过。而且除了通常的赛车故障以外，一旦迷失方向，就要面临断油、断粮甚至放弃车赛的局面。因此，这是一场人与自然真正较量的比赛。也是因为这样，虽然每场冠军的奖金只有4500美元，但还会吸引那些不畏艰险的赛手前来参加，每场比赛产生摩托车组、小型汽车组和货车组冠军各一名。

2008年，由于非洲毛里塔尼亚境内的安全问题，无法保障参加达喀尔拉力赛的赛员和记者的安全，赛事组委会决定取消比赛。在无法确定非洲赛段内的安全问题能否保证的情形下，赛事组委会决定从2009年开始，达喀尔拉力赛撤离非洲，移师南美洲阿根廷和智利举行。

3 世界拉力锦标赛

世界拉力锦标赛（World Rally Championship，WRC）是一项由国际汽联（FIA）组织的、全世界范围内级别最高的拉力系列赛事，第一场赛事在1973年举行。WRC全年在世界各国举行十四站比赛，每个分站产生分站冠军，全年各分站成绩总积分最高的一对车手和领航员赛手成为当年度的WRC世界冠军。WRC徽章如图7-14所示。

WRC的比赛规则十分详细，比如参赛车辆必须为各大汽车厂家年产量超过2500辆的原型轿车，同时对于赛车改装后的尺度、质量以及排量、功率等都有严格的限制。每辆赛车必须同时搭乘一名车手和一名领航员。车手只管开车，充分发挥自己高超的驾车水平，而领航员既要在比赛期间安排好一些生活琐事，而且还要在比赛时为车手指明每一天比赛的正确方位和路线，并在赛段里及时准确地提供前方的路况。WRC的赛站分布于全球，包括沥青、砂石和冰雪（图7-15）三种不同的路面。每个赛站分为若干普通赛段和特殊赛段，规则与一般拉力赛事相同。

WRC
FIA WORLD RALLY
CHAMPIONSHIP

图7-14　WRC徽章

图7-15　WRC的冰雪赛段

六 卡丁车赛

卡丁车（图7-16）运动兴起于20世纪50~60年代的欧美国家。由于卡丁车具有尺寸小、安全性强、易于操作和价格便宜的自身特点，又兼有大型赛车速度快、惊险刺激的特点，既可以从事竞技比赛，又可作为娱乐活动，因而现已成为全世界参与人数最多的汽车运动项目。

卡丁车赛是汽车场地赛项目的一种（图7-17），分方程式卡丁车、国际A、B、C、E级和普及级六类，共12个级别。它使用轻钢管结构，操纵简单，无车体外壳，装配100mL、125mL或250mL汽油发动机的4轮单座位微型赛车，重心低，在曲折的环形路线上行驶，比赛速度感强。卡丁车是世界方程式赛车的最初级形式，始于1940年。由于许多著名的一级方程式赛手都是从卡丁车起步的，因此卡丁车被视为F1车手的摇篮。

图7-16　卡丁车

近年来，中国的卡丁车运动取得了较大发展，全国可供比赛的场地有10处，仅北京地区已有符合比赛要求的赛道5条。中国汽联十分重视卡丁车运动的发展，1997年举办了首届中国卡丁车锦标赛，我国卡丁车运动从车手培养选拔到运动的组织管理都已经趋于正规化。

图7-17　2008年中国上海卡丁车大奖赛

第二节　世界著名车展

汽车展会带来更多的概念车型、新车型、汽车展会风格和文化氛围，让人们感受到世界汽车工业跳动的脉搏。汽车展览是汽车制造商们展示新产品的舞台，在流光溢彩的样车背后，是汽车制造商们为在汽车市场上争夺市场份额而进行的殊死较量。德国法兰克福车展、美国底特律车展、瑞士日内瓦车展、法国巴黎车展和日本东京车展被誉为当今五大国际车展。

一　德国法兰克福车展

法兰克福位于德国黑森洲莱茵河畔，是欧洲最大的交通枢纽和航空港。法兰克福车展（图7-18）前身为柏林车展，创办于1897年，1951年移到法兰克福举办，在9月举办，每两年举办一届，每届车展为期两周左右，轿车和商用车轮换展出。法兰克福车展是世界规模最大的车展，有“汽车奥运会”之称，是五大车展中技术性最强的，被誉为是最安静的车展。作为世界五大车展之一，法兰克福车展的参展商家也包揽天下，但主要来自欧洲、美国和日本，尤其以欧洲汽车商居多。

图7-18　法兰克福车展

二 美国底特律车展

美国底特律可以说是世界与汽车联系最紧密的城市，是美国三大汽车巨头的所在地。从造车起步，靠汽车工业蜚声天下，现在底特律依然是美国这个“车轮上的国度”的发动机，底特律车展也成为当今世界最负盛名的车展之一。底特律车展（图7-19）创始于1907年，每年1月举行，是世界上历史最长、规模最大的汽车展之一，由于在年初举行，被誉为“全球汽车风向标”。作为美国汽车市场的传统烙印，底特律车展基本上是日本车和美国车的天下。

图7-19　底特律车展

三 瑞士日内瓦车展

瑞士没有自己的汽车工业，而日内瓦却承办着世界最知名的车展之一。日内瓦始终是一个让人刮目相看的城市，每年一度的日内瓦车展，以其迷人的景致，处处公平的氛围和细致入微的参展规则，最淡的地方保护主义色彩，受到世界汽车巨头们的好评，更为众多观光者所青睐。

日内瓦车展（图7-20）始于1905年，每年3月举行，是世界五大车展中最热闹的展会，被誉为“国际汽车潮流风向标”。

图7-20　日内瓦车展

四 法国巴黎车展

作为浪漫之都的巴黎，它的车展总能给人新车云集、争奇斗艳的感觉，充满时尚是具有历史悠久的巴黎车展（图7-21）的突出特点。1898年6月，首次举办巴黎车展，自1923年开始，车展改在10月的第一个星期三举办，这一惯例一直延续到今天。1976年起车展定为两年举行一届，到2004年已举办了76届。世界各大巨头总喜欢把最先进的技术产品放在巴黎露面，而两年一届的巴黎车展，也是概念车云集的海洋，各款新奇古怪的概念车常常使观众眼前一亮。

图7-21 巴黎车展

五 日本东京车展

东京车展（图7-22）创办于1966年，每年10月底举行，单数年为轿车展，双数年为商用车展。历来是日本本土生产的各种千姿百态的小型汽车唱主角的舞台，这也是与其他国际著名车展相比最鲜明的特征。同时，各种各样的汽车电子设备和技术也是展会的一大亮点。最年轻的东京国际汽车展发展非常快，日本人对技术的崇拜使这一展会成为最新汽车科技的集中展示地。环保和节能始终是东京车展的亮点，与其他西方大型车展相比，日本车展更具有亚洲东方神韵。日本厂商多款造型小巧精美、内饰高档的车总能成为车展的主角。

图7-22 东京车展

第三节 汽车俱乐部

随着世界汽车工业的不断发展和人们对汽车的需要和兴趣，各种形形色色的汽车俱乐部也相继诞生。汽车俱乐部不生产具体的产品，它所提供的产品是一种服务。对于一个综合性汽车俱乐部而言，这种服务又分为生产型服务和生活型服务。生产型服务是指俱乐部为会员提供各种对车辆和车主本人的有关车辆的服务，它的目的便是为广大会员解决在使用车辆的过程所产生的实际困难；而生活型服务则是以会员为主体的各种休闲、娱乐和交友服务。汽车俱乐部是经营汽车文化的重要形式，它促使汽车文化越加繁荣丰富。

一 汽车俱乐部的产生

汽车俱乐部已有百年以上的发展历史。1895年10月中旬，美国《芝加哥时报》在“车坛风云”专栏上发表了赛车运动员查尔斯·布雷迪·金格建议成立汽车俱乐部的一封信，成为车迷和驾驶人议论的热门话题。1895年11月1日，由《先驱者时报》主办的汽车大赛在芝加哥开幕，全国各地很多驾驶人都赶来参加比赛。其中，有60名驾驶人在一家酒店聚会，他们赞成金格的倡议而发起成立了美国汽车联盟，这是世界上最早的汽车俱乐部。1895年11月29日，美国汽车联盟召开第二次会议，选举产生委员会并通过了活动宪章，旨在利用举办报告会等形式，向会员传授汽车工程最新技术，通报汽车大赛动态，并为会员提供紧急救援和法律咨询服务，以保障机动车会员的各种合法权益。同年11月12日，法国汽车驾驶人则以巴黎普拉斯·德罗佩拉大街4号作为活动总部，成立了法国汽车俱乐部。随后，欧美各国都相继成立了为车主和驾驶人服务的汽车俱乐部，使汽车融入了人们的交通生活。

二 汽车俱乐部的发展

汽车俱乐部是以会员制的形式，将社会上高度分散的汽车组织到一起，通过发挥规模效应和服务网络的优势，给会员车辆提供单车和小单位很难办到的一些服务，从而给会员带来诸多方便和实惠，而俱乐部本身，也从会费中取得一定收益。随着会员人数的不断增多，俱乐部服务的范围也在不断扩大，金融、保险、房地产、汽车生产厂等都开始与俱乐部联系。

如今汽车俱乐部在发达国家早已盛行，并且形成一个非常大的行业。据统计，世界各国汽车俱乐部的会员总数至少有2亿人。其中规模最大的当数美国，在全国9000万驾车人中，已有4200万人成为会员。世界上最大的汽车俱乐部——AAA美国汽车协会（简称AAA）是仅次于罗马天主教会的第二大会员组织，美国汽车协会会标如图7-23所示。

图7-23 美国汽车协会会标

三 汽车俱乐部在中国

中国汽车俱乐部始于1995年建立的北京大陆汽车救援中心，即现在的北京恩保大陆汽车俱乐部（CAA）。

中国已进入一个汽车拥有率迅速上升的时期。汽车销量的大幅增长，意味着方兴未艾的汽车俱乐部行业将是一个蕴藏无限商机的新兴产业。由于处于发展初期，而且各自的经营理念和发展方向不同，中国目前的汽车俱乐部形式多样，但主要可以划分为以下类型：一是为车主提供具体服务为主、以救援为龙头并带动相关售后服务等，如北京的“大陆”、福建的“迅速”等；二是专门作售后服务的，如武汉的“绿岛”；三是与文化、沙龙以及公益活动相结合并带有一定的协会性质，如全国唯一的一家在民政部门注册成功的北京“爱车俱乐部”；四是以旅游、越野、赛车等兴趣或职业特征为主的，如“风鸟”、“摄影家”等；五是以企业、品牌等来设立的俱乐部，如法拉利汽车俱乐部、大众俱乐部。当然，也有集上述特色于一体的综合性俱乐部，不少大型俱乐部在尝试这种模式。

参考文献

[1] 屠卫星.汽车文化[M].北京：人民交通出版社，2005.
[2] 李青，刘新江.汽车文化[M].北京：人民交通出版社，2010.
[3] 朗全栋.汽车文化[M].北京：人民交通出版社，2006.
[4] 朗全栋，曹晓光.汽车文化[M].北京：高等教育出版社，2008.
[5] 赵俊山，孙永江.汽车构造[M].北京：人民交通出版社，2011.
[6] 王会，刘朝红.汽车发动机构造与维修[M].北京：人民交通出版社，2010.
[7] 丛树林，张彬.汽车底盘构造与维修[M].北京：人民交通出版社，2011.
[8] 邱志华.汽车传动系统维修工作页[M].北京：人民交通出版社，2008.
[9] 刘付金文.汽车悬架及转向系统维修[M].北京：人民交通出版社，2008.
[10] 西川武志.汽车构造图册[M].北京：人民交通出版社，2005.
[11] 刘邗，侯明月.名车名标大本营[M].北京：人民交通出版社，2010.
[12] 刘邗，侯明月.新能源汽车大讲堂[M].北京：人民交通出版社，2011.
[13] 新浪汽车频道 http://auto.sina.com.cn/
[14] 谷歌图片网 http://images.google.com./
[15] 汽车之家网 http://www.autohome.com.cn
[16] 中国百科网 http://www.chinabaike.com/
[17] 百度图片网 http://image.baidu.com/
[18] 爱卡汽车网 http://www.xcar.com.cn/
[19] 网易汽车频道 http://auto.163.com/